Lina Farronato

SÃO PAULO
E O PROJETO DE DEUS

Dados Internacionais de Catalogação na Publicação (CIP)
(Câmara Brasileira do Livro, SP, Brasil)

Farronato, Lina
    São Paulo e o projeto de Deus / Lina Farronato ; tradução de
Leonilda Menossi. -- São Paulo : Paulinas, 2020. (Coleção Teologia
bíblica)

    Bibliografia
    ISBN 978-85-356-4581-1
    Título original: San Paolo il progetto di Dio

    1. Paulo, Apóstolo, Santo - Viagens 2. Viagens na Bíblia I. Título
II. Menossi, Leonilda

19-2378   CDD 225.91

Índice para catálogo sistemático:

1. Paulo, Apóstolo, Santo - Viagens

Angélica Ilacqua CRB-8/7057

Título original da obra: San Paolo II il progetto di Dio
© Paoline Editoriale Libri. Figli di San Paolo.
Via Francesco Albani, 21 – 20149 Milano Italy.

1ª edição – 2020

Direção-geral:	*Flavia Reginatto*
Editora responsávls:	*Vera Ivanise Bombonatto*
Tradução:	*Leonilda Menossi*
Copidesque:	*Ana Cecilia Mari*
Coordenação de revisão:	*Marina Mendonça*
Revisão:	*Sandra Sinzato*
Gerente de produção:	*Felício Calegaro Neto*
Diagramação:	*Jéssica Diniz Souza*
Ilustração:	*Tereza Groselj, fsf*

*Nenhuma parte desta obra poderá ser reproduzida ou transmitida
por qualquer forma e/ou quaisquer meios (eletrônico ou mecânico,
incluindo fotocópia e gravação) ou arquivada em qualquer sistema ou
banco de dados sem permissão escrita da Editora. Direitos reservados.*

Paulinas

Rua Dona Inácia Uchoa, 62
04110-020 – São Paulo – SP (Brasil)
Tel.: (11) 2125-3500
http://www.paulinas.com.br – editora@paulinas.com.br
Telemarketing e SAC: 0800-7010081

© Pia Sociedade Filhas de São Paulo – São Paulo, 2020

SUMÁRIO

Prefácio 5

Capítulo 1. Saulo, o perseguidor, torna-se
o apóstolo de Jesus Cristo 9

Capítulo 2. As grandes viagens missionárias 29

Capítulo 3. O Concílio de Jerusalém 53

Capítulo 4. A segunda viagem 59

Capítulo 5. A terceira viagem 97

Capítulo 6. De Jerusalém a Cesareia 141

Capítulo 7. Cesareia-Roma – quarta viagem? 165

Epílogo 185

Paulo partilhou o projeto de Deus 197

PREFÁCIO

São Paulo e o projeto de Deus apresenta a biografia de São Paulo para quem deseja conhecer a pessoa, a vida e o pensamento do apóstolo.

Paulo de Tarso, eu o vejo como um *sonho de Deus, um projeto seu.* Ele o foi realmente. Paulo não usa jamais o termo *sonho*: ele fala de plano de Deus, de projeto eterno, de desejo de realização, do mistério da sua vontade, manifestado em Cristo; de segredo escondido durante os séculos e finalmente manifestado. Mas é exatamente tudo isso que gosto de definir como *sonho de Deus,* a partir do momento em que Deus, no seu amor infinito, chama o homem a responder e a colaborar livre e responsavelmente no cumprimento de seu *sonho-projeto.*

E, porque associa o homem a si mesmo, Deus corre também o risco de que tal *sonho* se torne de alguma forma condicionado, ou que permaneça desconhecido ou não acolhido, ou ainda retardado no seu cumprimento.

Mas em que consistiria o *sonho de Deus?* Certamente, na *felicidade do homem,* de todo homem, de toda a família humana, que Deus Pai quer reconciliar consigo por meio de seu Filho Jesus, ao preço do sacrifício da cruz. De fato, Paulo afirma: "Ele nos escolheu em Cristo antes de criar o mundo, para que sejamos seus filhos adotivos em Jesus Cristo... no qual, mediante o seu sangue, temos o perdão das culpas, segundo a riqueza de sua graça" (Ef 1,4ss). E "que nos livrou do poder das trevas para transferir-nos para o Reino do Filho do seu amor" (Cl 1,13).

Na Carta aos Romanos, num suceder-se contínuo de perguntas, notamos a ânsia do apóstolo em revelar ao mundo o rosto de Deus: "Porque todo aquele que invoca o nome do Senhor será salvo. Ora, como poderão invocar aquele no qual não acreditaram? Como poderão acreditar se não ouviram falar dele? E, como poderão ouvir, se não houver quem o anuncie? E, como poderão anunciar, se ninguém for enviado? Como diz a Escritura: 'Como são belos os pés daqueles que anunciam boas notícias!" (Rm 10,13-15).

Chamado diretamente por Jesus para anunciar a salvação, Paulo respondeu a esse chamado com dedicação apaixonada. Ele colaborou eficazmente para cumprir o *sonho de Deus*. Como consequência, para a felicidade do homem, anunciando *o mistério escondido desde séculos*, mas finalmente manifestado agora aos seus santos (1Cor 1,25-26).

Para essa finalidade, ele pode afirmar que se despendeu e superdespendeu sem se poupar. Isso aparece claramente nas narrações de Lucas nos Atos dos Apóstolos e nas Cartas do mesmo Paulo.

A vida de Paulo, a partir de sua conversão, é vivida com total radicalidade. É uma vida de aventura, marcada por fortes paixões e transbordante de amor por Jesus Cristo e pela humanidade.

Jesus é o próprio Evangelho (a boa notícia) que Paulo é chamado a anunciar, para que se realize o sonho do Pai.

Também à distância de dois milênios, Paulo continua a ter grande atualidade. De modo particular, neste tempo que tende a desintegrar todo valor, ele tem muito a oferecer a quem o queira ouvir, a quem deseja fazer amizade com ele e, o quanto possível, imitá-lo.

Paulo ajuda a dar sentido pleno e autêntico à existência, amando a Jesus Cristo e colaborando a fim de que *o sonho de Deus* se realize na própria vida e na família humana, na qual estamos imersos no hoje da nossa história.

A Autora

Nota: *Em todo o livro, as referências relativas aos Atos dos Apóstolos são frequentemente omitidas, a fim de não tornar pesado o texto. Entretanto, citam-se sempre os contextos, para facilitar a verificação.*

Para as Cartas de São Paulo: quando faltam referências, indicam-se as citações dos destinatários.

Conversão e vocação de São Paulo. Quando já estava perto de Damasco, Paulo de repente viu-se cercado por uma luz que vinha do céu. Ouviu uma voz que dizia:
– Saulo, Saulo, por que me persegues?
– E quem és tu, Senhor?
A resposta é clara, firme:
– Eu sou Jesus, a quem tu persegues!

CAPÍTULO 1

SAULO, O PERSEGUIDOR, TORNA-SE O APÓSTOLO DE JESUS CRISTO

Uma seita que deve ser destruída

Paulo não duvida. Aqueles que seguem Jesus são sectários, são fora da lei. Entretanto, são muitos os seus seguidores, e aumentam cada vez mais. Quem sabe o que pretendem? Entretanto, todos sabem que aquele Jesus, por causa de sua doutrina blasfema, foi condenado à morte, pregado numa cruz. Uma morte de criminosos. Ele bem o mereceu.

Mas... nada! Os seus seguidores, embora o soubessem morto e sepultado, tinham a coragem de afirmar que ele estava vivo; que ele está vivo. Ou seja, estava morto, mas voltou a viver e permanece vivo para sempre; e não é nada menos do que o Filho de Deus. Fez-se homem para salvar a todos, judeus e pagãos.

Se ao menos eles não enganassem o povo com tais heresias! Saulo está furioso! E não suporta a ideia de que também Estêvão, uma pessoa de rara inteligência e profunda cultura, se tenha deixado apedrejar em defesa dessa heresia.

Estêvão é convicto e convincente quando fala de Jesus. Não consegue renegá-lo. É preciso fazê-lo calar. Tal como fora calado o próprio Jesus.

Menos mal que, no caso de Estêvão, os chefes decidiram intervir. Esperaram somente o momento oportuno.

Eis que, finalmente, chegou a ocasião certa. Um grupo de judeus julgam-se no dever de levar Estêvão perante o Sinédrio, sob esta acusação:

– Nós o surpreendemos blasfemando contra Moisés e contra Deus.

– As coisas são mesmo assim?, perguntam os chefes.

– Irmãos, ouvi-me... – intervém prontamente Estêvão. Parece-lhe ter chegado a ocasião para falar e, possivelmente, convencê-los.

Saulo impressiona-se com as palavras de Estêvão. Ele demonstra claramente que acredita em Deus e que conhece bem as Escrituras, bem como toda a história sagrada, a história de Deus e do seu povo, de Abraão, de Moisés e dos profetas.

Tudo estaria muito bem, se ele não falasse de Jesus como o Messias esperado. Exatamente por isso é que Paulo, como todos os judeus presentes, se mordem de raiva. Que Estêvão tenha tido a ousadia de chamar os chefes judeus de traidores e assassinos, por terem querido a morte de Jesus, isso passou de todos os limites.

E Estêvão acrescentou: "Estou vendo o céu aberto e o Filho do Homem de pé, à direita de Deus".

A esse ponto, naturalmente, todos os judeus se puseram a gritar e atiraram-se contra ele. Arrastado para fora de Jerusalém, Estêvão foi apedrejado. Paulo não lhe atirou pedras, mas, para facilitar os apedrejadores, pôs-se do lado deles, segurando-lhes os mantos.

No entanto, ficou admirado ao constatar que Estêvão rezava, enquanto era apedrejado; pedira a Jesus que o recebesse no céu; e que perdoasse seus apedrejadores. E muitíssimo admirado ficou ao ver que o rosto de Estêvão irradiava uma paz luminosa, e morrera como alguém que adormecera.

Mas... quem é Saulo-Paulo?

É um jovem hebreu, nascido em Tarso, no ano 8 ou 10 da era cristã. Tarso é uma cidade da Cilícia, hoje Turquia, que fica próxima do Mediterrâneo onde se encontra um excelente porto. É uma cidade belíssima e rica de comércio e de cultura, por onde muita gente vai e vem por toda parte do Império romano. Belas casas, boas escolas, um lindo mar e boas oportunidades.

A família de Paulo tem uma fábrica de tendas e faz parte da burguesia. O próprio Paulo foi encaminhado aos estudos e ao trabalho da família. Porque todo hebreu que se respeitasse como tal devia ter, além da cultura, uma profissão.

A esse propósito, havia um provérbio que dizia: "Quem não ensina ao filho uma profissão, ensina-o a ser ladrão".

Na adolescência, com o propósito de adquirir uma excelente formação hebraica, Saulo foi enviado aos estudos superiores em Jerusalém, aos cuidados de Gamaliel, o mais famoso mestre naqueles tempos. Ele torna-se culto e poliglota. Conhece bem o hebraico e o grego, talvez também o latim. Sua cultura cosmopolita facilita-lhe o relacionamento com todas as pessoas.

Entretanto, ele tem um duplo nome: Saulo e Paulo. Saulo, nome hebraico, e Paulo, nome romano. Um duplo nome era frequente entre os judeus daquela época.

Ele tem a sorte de ser cidadão romano, o que lhe rende muitas vantagens. Muitas pessoas pagavam para ter o privilégio da cidadania romana, ao passo que Paulo o tinha por nascimento.

Saulo Paulo é, sem dúvida, um homem genial, cheio de paixão e de grandes ideais. Possui um temperamento forte e decidido. Ama apaixonadamente a Deus e a sua doutrina contida na Bíblia e em outros livros sagrados, que ajudam a melhorar a compreensão.

Como hebreu, ele pode afirmar que, do ponto de vista humano, não tem poucos motivos para se vangloriar. É hebreu, da estirpe de Abraão, da família de Benjamim, observante da lei, fariseu. Sempre pronto para combater à espada quem introduzisse doutrinas diferentes da sua. Exatamente por essa razão é que ele se pôs do lado daqueles que lapidaram Estêvão. E, com eles, está disposto a prosseguir na luta. Mas, na grande perseguição que se desencadeou contra a Igreja após a morte de Estêvão, ele é um dos mais acirrados. Seu nome espalha terror e angústia entre os primeiros seguidores de Jesus.

Ele começa a perseguir os cristãos de Jerusalém. Entra nas casas dos indiciados, prende homens e mulheres e os coloca na prisão. Muitos deles são constrangidos a fugir. Alguns fogem para o estrangeiro, de modo especial para a Síria, à cidade de Damasco. Por isso, Saulo pede cartas de autorização para prender todos os que acreditavam em Jesus e que se encontravam em Damasco. Devia trazê-los prisioneiros para Jerusalém.

Tudo está planejado. Ele partirá para Damasco. Mas acontece um imprevisto inacreditável... que vira sua vida pelo avesso.

É por volta do ano 36 da era cristã.

Por que me persegues?

Aquilo que acontece com Saulo não é fruto de imaginação. Ele não é um tipo inclinado a sugestionar-se. Já está perto de Damasco quando, improvisamente, sente uma luz fulgurante, intensíssima que o envolve. Cai por terra e ouve uma voz que o chama pelo nome e lhe diz:

– Saulo, Saulo, por que me persegues?

Aturdido pela voz e pela luz fulgurante, ele diz:

– E quem és tu, Senhor?

A resposta é clara, firme:

– Eu sou Jesus, a quem tu persegues.

Os companheiros de viagem estão parados; veem a luz, embora não ouçam a voz. Não ouvem nada. Maravilham-se ao ver Saulo caído por terra e, de imediato, tornado cego. Tomam-no pela mão e o acompanham à entrada da cidade. Vão até a rua Direita, na casa de um hebreu de nome Judas.

Tudo aconteceu de modo imprevisível e precipitado. Saulo não se reconhece mais. Está só, e não enxerga absolutamente nada.

Talvez a grande luz que o cegara fisicamente o faça reconhecer a cegueira espiritual em que está imerso e que lhe impede de reconhecer Jesus. Saulo sente-se vencido. Por três dias ele não come nem bebe. As palavras que ouvira: "Eu sou Jesus, a quem tu persegues", continuam a repercutir dentro dele, martelando-lhe o cérebro.

Sim, ele perseguia os seguidores de Jesus, mas Jesus, em pessoa, Saulo jamais tinha visto. E porquanto dependesse dele, queria destruir até a mínima recordação de Jesus que ficasse nele.

Não tinha compreendido nem mesmo o raciocínio de Estêvão que, sem renegar a fé judaica, tinha acreditado em Jesus como o Messias prometido por Deus a Abraão, a Moisés e aos profetas dos quais falavam as Escrituras. Todos, especialmente os chefes do Sinédrio, os rabinos e ele mesmo, estavam em atitude de espera do Messias. Mas este devia ser bem diferente daquele Jesus de Nazaré.

O Messias seria um grande rei, poderoso e combativo; deveria defender a nação de Israel e torná-la grande, além de expulsar os estrangeiros da sua terra.

E Jesus, ao contrário, tinha-se apresentado pobre e humilde. Portador de paz e de esperança. Mas... que paz, se ele, ao invés de expulsar os romanos e combater por Israel, havia demonstrado amor para com todos, sem excluir ninguém?

Ele pretendia salvar Israel, mas a seu modo. De fato, não queria ele salvar do mesmo modo os estrangeiros? Até mesmo os romanos? A salvação que Jesus dizia ter trazido não era aquela que o povo esperava.

Agora Paulo precisa entender. Na escuridão que o envolve, pede a Deus que o ilumine.

Agora ele lembra que...

Enquanto está prostrado em oração, Saulo recorda muitas páginas da Escritura que falam do Messias como um salvador poderoso e libertador. Mas... se a salvação trazida pelo Messias, mais que um libertar-se dos babilônios e dos romanos, fosse libertação do pecado e uma oferta de amizade com Deus que Jesus dizia ser o Pai de todos?

A Bíblia falava de um Messias forte e valoroso, mas eram também muitas as páginas que falavam do servo de Javé, humilde, pobre e sofredor, cheio de amor e de compaixão para com todos. Na Escritura lia-se que ele não deixaria apagar a chama tremulante, ou seja, que não teria aviltado as pessoas frágeis, mas tê-las-ia amado, sustentado e defendido. Referiam-se talvez essas páginas ao Messias?

No livro do profeta Isaías, o Messias teria dito sobre si mesmo:

O espírito do Senhor está sobre mim
porque o Senhor me ungiu,
me enviou a evangelizar os humildes,
a enfaixar os feridos,
a proclamar a liberdade aos deportados,
a libertar os prisioneiros,
a proclamar um ano de graça
da parte do Senhor (Is 61,1-4).

Havia páginas que falavam também do Messias como um sofredor para além de todo limite. Mas elas se referiam realmente ao Messias? Açoitado, humilhado e morto. Poderia isso tudo se referir a Jesus de Nazaré? A Bíblia, Paulo a conhece bem, e muitas vezes se perguntara de quem falava o profeta Isaías que, setecentos anos antes, tinha anunciado o martírio que certo alguém sofreria... Mas a quem se referia? Será que se reportava ao povo oprimido pelo estrangeiro? Ou a algum grande profeta? Saulo jamais tinha compreendido claramente isso. E se estivesse falando de Jesus?

Agora Paulo repete lentamente, e de cor, aquela página obscura e perturbadora do profeta Isaías (Sl 52,14ss).

Quero conhecer Jesus!

Saulo não sabe quanto tempo vai durar essa situação de cegueira, de reflexão e de oração. Mas decide que, se readquirir a visão, se sair vivo, quer conhecer Jesus. E quer conhecer também seus amigos, sobretudo os chefes, a quem chamam de apóstolos.

A propósito, tinha ouvido falar muito deles. Sabia que tinham fugido quando Jesus fora preso. Mas sabia também que, a seguir, haviam demonstrado uma coragem inacreditável. Tinham sido ameaçados, aprisionados e perseguidos, para que não falassem de Jesus, mas sem nenhum êxito.

Quanto mais amedrontados tinham sido, tanto mais se mostravam corajosos agora. Não havia meio de fazê-los retroceder. Ele próprio os havia rotulado de fanáticos, enganadores, corruptores da Lei e enganadores do povo.

Mas fanáticos não! Eles tinham conhecido pessoalmente a Jesus, tinham estado com ele durante alguns anos e acreditavam nele.

Acreditavam realmente em Jesus e o amavam, e queriam fazê-lo conhecido e amado pelas pessoas. Exatamente porque queriam que todos acreditassem em Jesus, estavam dispostos a perder a vida por ele.

Certamente, eles não eram insensíveis às perseguições e aos rigores das prisões, nem mesmo às blasfêmias e até aos insultos de que eram vítimas, mas permaneciam firmes na fé que testemunhavam, sobretudo anunciando Jesus.

Quando os chefes do Sinédrio ordenaram que não falassem mais de Jesus, eles responderam: "Julgai vós se é mais importante obedecer a vós ou a Deus. Nós não podemos calar aquilo que temos visto e ouvido..." (At 4,19-20).

Certa vez, após terem sido flagelados e aprisionados e, finalmente, postos em liberdade, demonstraram-se muito contentes por terem sofrido por Jesus.

Sobre os apóstolos contavam-se até mesmo muitos fatos extraordinários: curavam pessoas desenganadas pelos médicos, até mesmo punham de pé pessoas aleijadas que não conseguiam manter-se de pé... "Será verdade?", perguntava-se Saulo.

Um turbilhão de pensamentos giram na mente de Paulo. Sente-se aturdido. Não se reconhece mais. Parece-lhe ter passado através da morte e renascido para uma vida nova.

Ananias

Três dias após ter visto Jesus, Saulo recebe a visita de Ananias, um hebreu, discípulo de Jesus, que vive em Damasco. Ananias lhe diz que Jesus tinha aparecido também a ele e que lhe havia ordenado:

– Levanta-te e vai à rua Direita e procura na casa de Judas um homem de Tarso, chamado Saulo.

Mas Ananias lhe tinha respondido:

– Senhor, ouvi muitos falarem desse homem e de quanto mal ele tem feito aos teus seguidores em Jerusalém. Agora ele veio aqui para prender todos aqueles que acreditam em ti.

Mas Jesus lhe assegurou:

– Vai, porque ele é um instrumento que eu escolhi para tornar conhecido o meu nome aos pagãos e aos judeus. Eu lhe mostrarei o quanto deverá sofrer pelo meu nome.

Agora Ananias está aí e lhe diz:

– Saulo, meu irmão, foi o Senhor que me enviou. Aquele Jesus que te apareceu no caminho pelo qual vinhas, me mandou para que tu recuperes a vista e sejas repleto do Espírito Santo.

Imediatamente caiu dos olhos de Saulo uma espécie de escamas e ele voltou a enxergar. Também as trevas caíram do seu coração. Ele levanta-se, recebe o batismo, alimenta-se e recupera as forças (At 9).

Saulo é um homem novo

Ele renasceu. É um homem novo. Jesus o conquistou e Paulo se deixou prender. Não se pertence mais. É de Jesus. E o será para sempre, sem arrepender-se. Um dia ele dirá algo de inaudito: "Não sou eu que vivo; mas é Cristo que vive em mim".

Ele se sente assombrado e comovido. Verdadeiramente, Jesus, o seu Deus, se manifestou a ele. A ele que o odiara e que tinha perseguido seus seguidores. E o tinha eleito seu embaixador, seu instrumento. "A fim de me tornar conhecido aos pagãos, aos judeus" e... depois lhe mostrou "o quanto deverá sofrer pelo meu nome", tinha-lhe referido Ananias.

Ele permaneceu à escuta, em atitude de adesão e de amor. Porque agora ele sabe, agora também acredita que esse Jesus, a quem estava perseguindo, é o Filho de Deus, vindo para salvar não somente a Israel, mas também os povos de toda a terra. Não tinha ele prometido a Abraão que, pela sua fé, se teria tornado pai de uma multidão, para que fossem abençoadas todas as nações da terra?

Após o batismo, e com o retorno da luz dos olhos e, mais ainda, a luz do coração, Paulo sente-se preso por um desejo irrefreável de falar de Jesus, de ir imediatamente levar aos outros o conhecimento dele. O dom recebido é de tal modo imensurável, que ele não consegue retê-lo somente para si. Sabe-se que "o bem tende a difundir-se por si mesmo", enfim, quer ser compartilhado.

O coração de Paulo sente-se dilatar numa tamanha dimensão de amor que o torna feliz. Compreende melhor as palavras de Jesus: "Eu sou Jesus, a quem tu persegues". Percebe que Jesus está próximo daqueles que o seguem, a tal ponto que não distingue entre eles e o próprio Jesus.

Não que haja fusão ou confusão de pessoas. Cada qual se sente ele mesmo, mas a relação é tão íntima e intensa quanto vital, e vale dizer: "Aquilo que é meu é teu e aquilo que é teu é meu".

Saulo queria de imediato que todos soubessem e experimentassem a bondade de Jesus. Ele, pessoalmente, está de tal modo admirado que aquele Jesus, que ele tinha perseguido, até mesmo com ameaças e severas ordens de penitência, lhe tenha sido revelado como amigo, e até mesmo o tenha escolhido para o seu serviço. Escolhido, verdadeiramente escolhido!

Jesus depositou confiança nele e lhe confiou o apostolado, como que a dizer-lhe: "Continua aquilo que eu mesmo fiz".

Com risco de vida

Saulo permaneceu em Damasco por alguns dias, com os seguidores de Jesus. E frequentava as sinagogas, anunciando que Jesus é o Filho de Deus, o Messias prometido. Todos aqueles que o ouvem permanecem estupefatos e se perguntam cheios de perplexidade: "Não é ele que veio de Jerusalém enfurecido contra aqueles que invocam Jesus? E não veio aqui para prendê-los e arrastá-los acorrentados até Jerusalém, a fim de serem julgados pelo Sinédrio?".

Decerto que é ele, mas, na verdade, já não é mais o mesmo.

Alguns dias depois, Saulo vai para a Arábia. Permanece na região deserta. Qual é a razão? Para rezar e pôr-se em religiosa escuta de Jesus? Ou para anunciar a sua mensagem aos habitantes dos pequenos vilarejos? Talvez por ambos os motivos. Mas, com certeza, Jesus continua a formá-lo para a missão a que o chamara.

Quando ele retorna a Damasco, está mais que preparado e fala com ardor sobre Jesus, gerando confusão entre os judeus que não conseguem aceitá-lo. Bem depressa estes decidem matá-lo.

Quando Saulo toma conhecimento das intrigas de seus opositores, ele se refugia entre os amigos. Mas o perigo continua, porque os judeus foram ao rei Aretas e conseguiram dele que se montasse guarda contínua, dia e noite, às portas de Damasco, a fim de impedir a fuga de Paulo.

Por sorte, a casa dos amigos de Paulo dava para os muros da cidade. Assim, realizaram um estratagema para libertar Paulo. Pela janela, na calada da noite, desceram Paulo dentro de um grande cesto. Está salvo.

Mas para onde ir agora? Decide ir para Jerusalém, a cidade de Deus, a cidade onde Jesus fora crucificado e onde ressuscitara.

Três anos antes, havia partido de Jerusalém como perseguidor de Jesus Cristo. Agora volta radicalmente mudado. É um homem novo. Foi agarrado fortemente por Jesus e agora ele não o deixará jamais. Absolutamente!

Poderá dizer: "Quem me separará do amor de Cristo? Nada! Ninguém!".

Aqueles que três anos antes tinham sido perseguidos, podem agora ver nele um irmão, dedicado a Jesus Cristo com toda a força do seu ânimo impetuoso e apaixonado.

Entretanto, ninguém tem plena confiança nele. Nem mesmo os apóstolos. Por sorte, está ali Barnabé, um discípulo de Chipre, um homem verdadeiramente bom e animado na busca do bem. É homem de paz e de larga visão. Seu nome significa "aquele que sabe confortar".

Ele acredita em Saulo, sabe da sua conversão e decide conduzi-lo até os apóstolos Pedro e Tiago e responsabilizar-se por ele.

Paulo expõe a Pedro – chefe da Igreja, que Jesus tinha escolhido como seu representante – sua experiência de Jesus Cristo e o Evangelho que ele anuncia.

O confronto do Evangelho de Paulo com aquele de Pedro é positivo; e Saulo sente-se feliz por enriquecê-lo com o conhecimento de eventos e lugares onde Jesus tinha vivido e ensinado. Sente-se feliz de aprofundar e verificar seu pensamento com o de Pedro, o escolhido de Jesus como seu vigário.

Entretanto, não podendo conter-se em falar sobre Jesus, ele põe-se a pregar aos judeus de língua grega. Julga ter com eles maior afinidade, devido à sua cultura, e, portanto, seria acolhido favoravelmente. Mas ele erra o alvo. Também estes, como aqueles de Damasco, decretam matá-lo.

Quando Pedro e os irmãos tomam conhecimento do perigo em que Saulo incorre, julgam que a sua presença em Jerusalém, bem como as acaloradas discussões que ele provoca, poderiam causar situações de perigo também para a Igreja. E decidem afastá-lo.

De Jerusalém a Tarso

Saulo foi acompanhado até Cesareia Marítima, e aí embarcou para Tarso. Não se trata de um retorno à sua cidade para passar agradáveis férias, não! Mesmo que não lhe tenham dito abertamente, ele se dá conta de que esse afastamento, mais do que por sua salvação pessoal, é determinada pelo desejo de evitar aquele estilo impetuoso com que ele evangelizava. Mas por que mandá-lo para tão longe assim? Poderiam enviá-lo para Samaria ou –, por que não? – para Antioquia da Síria, onde era notável o grande número de irmãos com os quais ele poderia colaborar.

Saulo tem a impressão de ser desqualificado, de ser rejeitado como alguém que é malsucedido num exame. E se, de fato, ele não fosse apto para o apostolado? Mas se foi o próprio Jesus que o tinha chamado? Saulo está convencido de que os dons e os chamados de Deus são irrevogáveis.

Ele se lembra de que os apóstolos tinham respondido àqueles que os queriam impedir de anunciar Jesus: "Julgai vós se é melhor obedecer a Deus, antes que aos homens". Naquele presente caso, tratava-se de obedecer a Deus ou aos seus inimigos. Mas agora ele se encontra na situação de obedecer a Jesus ou aos apóstolos, ou seja, aos mesmos amigos de Jesus.

Que fazer agora e como anunciar Jesus? O momento que ele está vivendo não é menos doloroso do que quanto seria o perigo de morte.

"Senhor, que queres que eu faça?", tinha ele perguntado a Jesus no caminho de Damasco. E se tinha tornado imediatamente disponível a seu serviço, pois compreendera de imediato que esse Jesus que se revelara era inteiramente acreditável. Que queres que eu faça?

Agora ele repete a pergunta e não recebe uma resposta adequada. Entretanto, Jesus deve, pois, ver seu ânimo, intuir suas perguntas angustiadas. Em Tarso, o que poderá ele fazer? Na verdade, é ali que Jesus o quer?

Nessa cidade, Paulo retoma o ofício de fabricante de tendas. E, por quanto lhe é possível, dedica-se ao anúncio do Evangelho na cidade e nos arredores.

Apesar do sofrimento devido à situação em que se encontra, ele cresce na escuta, no amor e na intimidade com Cristo, que se torna sempre mais para ele o Absoluto, o centro único da sua existência, o próprio respiro da sua vida.

Mais tarde, revendo aqueles longos anos de isolamento, ele experimentará o quanto é verdade que tudo concorre para o bem daqueles que amam a Deus e são amados por ele. Esses anos foram-lhe como que uma estação de inverno que antecede e prepara a explosão de vida da primavera.

De Tarso a Antioquia da Síria

Finalmente chegou a Tarso Barnabé, o amigo que tantos anos antes o havia apresentado aos apóstolos em Jerusalém, dando-lhe garantias. Agora ele demonstra novamente sua confiança em Saulo e em seus dotes para evangelização. E pede-lhe que venha com ele para Antioquia da Síria, a fim de colaborar no apostolado. Era tudo o que Saulo queria.

Depois de Jerusalém, Antioquia é o maior centro da Igreja. Pode-se mesmo afirmar que é o ponto forte na vanguarda da história.

Num primeiro momento, muitos discípulos de Jesus tinham ido para Antioquia, fugindo da perseguição de Jerusalém; puseram-se eles a anunciar Jesus, limitando sua pregação exclusivamente aos judeus. A seguir, outros crentes, chegados de Chipre e de Cirene, chegaram e tinham começado a falar de Jesus também aos pagãos. Lucas sublinha que a mão do Senhor estava com eles e que um grande número de pessoas acreditou e se converteu.

Este grande número de convertidos era, na maioria, proveniente de pagãos. E era exatamente essa a razão pela qual Barnabé tinha sido enviado de Jerusalém para Antioquia. Seu compromisso era de verificar a situação.

Mas São Lucas conta que, ao chegar lá, Barnabé "viu a graça de Deus, e se alegrou e exortava a todos a permanecerem de coração firme e fiéis ao Senhor".

E por isso, para dar impulso à obra de evangelização, Barnabé tinha ido a Tarso em busca de Saulo.

Foi em Antioquia que, pela primeira vez, os discípulos de Jesus foram chamados de cristãos, nome derivado de Cristo.

Entre as personagens mais notáveis da Igreja de Antioquia, além de Saulo e Barnabé, estavam Simão, chamado de o negro, Lúcio de Cirene e Manaen, que fora companheiro de infância de Herodes.

Paulo e Barnabé, enviados pelo Espírito Santo, navegaram até Chipre, onde anunciaram a Palavra de deus.

CAPÍTULO 2

AS GRANDES VIAGENS MISSIONÁRIAS

Separai-me Barnabé e Saulo

Era o ano 44 ou 45 d.C. Saulo está em Antioquia há um ano apenas. Enquanto a comunidade está celebrando o culto do Senhor, acontece alguma coisa que mostra à Igreja novos e ilimitados horizontes. A comunidade dos discípulos percebe, como uma clara ordem do Espírito Santo: "Separai para mim Barnabé e Saulo para a obra a qual os chamei".

Todos juntos, então, jejuaram e rezaram, e depois impuseram as mãos sobre os dois escolhidos para obter-lhes a força e as luzes necessárias para a missão a que o Espírito os havia destinado.

Barnabé e Saulo, depois de terem se despedido da igreja de Antioquia, colocaram-se a caminho. Ainda não está claro como e onde dar início à obra a que foram chamados. Mas partem. Corajosamente. Confiadamente.

Em nome de Jesus, que tinha ordenado aos apóstolos: "Ide por todo o mundo e fazei todos os povos meus discípulos". Vão impulsionados pela força de um irresistível amor.

É assim que começa oficialmente a grande aventura missionária em direção a todas as nações da terra. Barnabé e Saulo são os precursores de milhares de missionários que ao longo dos séculos empreenderam o caminho sobre cada estrada do mundo, para chegar a todas as pessoas da terra e levar a todos a bela notícia de Jesus, a fim de que creiam e se cumpra o sonho do Pai: fazer de Jesus o coração do mundo.

A primeira viagem: Chipre

Barnabé e Paulo partem de Antioquia. Seguramente foi Barnabé, hebreu de Chipre, que propôs ir à sua terra.

Assim, Chipre se tornou a primeira etapa da viagem.

Junto com Barnabé e Saulo foi também João Marcos, jovem primo de Barnabé, que se ofereceu para ajudá-los.

Muitos judeus habitavam nessa ilha. E a eles foi que os missionários dirigiram a pregação, sem descuidar-se dos pagãos. Nessa ilha, não encontram grandes dificuldades: percorrem-na toda, desde Salamina até Pafos, e a todos anunciam o Evangelho da salvação. Sentem-se felizes de partilhar, a mancheias, o Evangelho de Jesus, que é Evangelho de esperança.

Em Pafos, capital de Chipre, está o procônsul romano, Quinto Sérgio Paulo. Homem inteligente e culto,

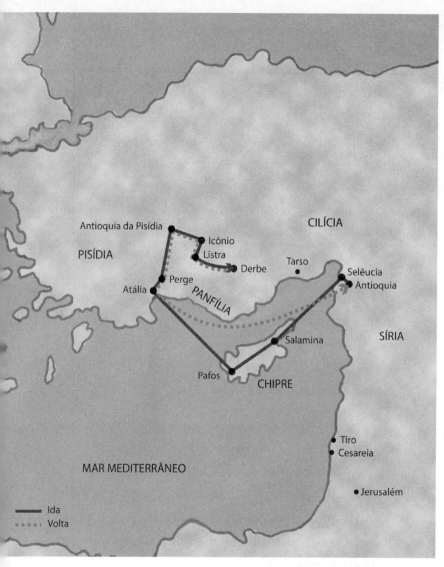

Primeira viagem de São Paulo. Paulo e Barnabé partiram de Antioquia e chegaram a Chipre. Percorreram toda a ilha. Em Antioquia da Pisídia, Paulo fez o discurso aos judeus, mas ao ser rejeitado, dirigiu-se aos pagãos. Ao chegar a Icônio, um grande número de judeus e gentios abraçou a fé. Em Listra, judeus apedrejaram Paulo e o deixaram meio morto. No dia seguinte, partiram para Derbe.

que vive em atitude de busca e de acolhimento a tudo o que lhe pareça bom. Informado sobre a presença dos missionários e desejoso de conhecer o que estavam anunciando, convida-os a irem a seu palácio. De imediato se interessa pelo Evangelho. E, não obstante as intromissões de Elimas, mago da corte, de descredenciar a verdade, o procônsul acolhe com fé a doutrina do Senhor.

É mais ou menos por essa ocasião que Saulo assume definitivamente o nome romano de Paulo. Lucas limita--se a dizer: "Então Saulo, chamado também Paulo...". A escolha desse nome romano pode ter sido determinada pelo feliz encontro com o procônsul que se chamava Sérgio Paulo; mas também pode ter sido por motivos práticos, como o fato de a evangelização se desenvolver nas terras do Império romano.

Rumo a Antioquia da Pisídia

Paulo, Barnabé e João Marcos embarcaram no porto de Pafos rumo a Antioquia da Pisídia. Provavelmente o mesmo procônsul de Chipre os tenha aconselhado a ir àquela pátria de adoção, onde ele tinha parentes e amigos.

Mas, quando desembarcam em Perge, na Panfília, João Marcos desiste de prosseguir viagem com eles e volta para Jerusalém.

De Perge, Paulo e Barnabé seguem rumo a Antioquia da Pisídia. Não se trata de um empreendimento fácil. Lucas limita-se a dizer: "Prosseguindo de Perge, chegam a Antioquia da Pisídia...", mas o estudioso Giuseppe Ricciotto explica:

A distância de Perge para Antioquia era de cento e sessenta quilômetros, mas para percorrer tal caminho eram necessários não menos de seis ou sete dias, tão cansativa e perigosa era essa caminhada. A estrada, de terra apenas batida, era primeiro ladeada de precipícios percorridos pelo rio Cestro; depois, aos poucos, subia por um planalto da Pisídia e se elevava a mil metros de altura, cercado de picos nevados, terras desertas e matagais imensos. Aqui havia torrentes montanhosas com as quais era preciso ter cuidado; para encontrar uma passagem nova, porque a terra era fofa e podia desabar; ou, então, abrir um espaço entre a vegetação selvagem que se tornara espessa.

Por toda parte havia perigo de antigos bandos de ladrões, sempre reforçados por escravos fugitivos que sabiam dar bons golpes nos mercadores que por aí passassem.

Em parte alguma um caminhante, cansado após um dia de estressante trabalho, poderia arriscar-se na calada da noite a encontrar algo melhor do que uma simples parada, onde podia comer somente o que tinha levado consigo; nem poderia deitar-se por terra para adormecer, pois teria que enfrentar o frio da noite e estar sempre preparado para acordar ao uivar de lobos famintos que circulavam por ali. Somente após ultrapassar o Tauro, ao longo da estrada onde era mais frequente a planície, seria possível encontrar um daqueles miseráveis albergues, descritos em documentos arqueológicos, onde se conseguia ficar, com repugnância, uma noite apenas. E se partia de imediato pela manhã, depois de ter pago a hospedagem.[1]

---

[1] G. Ricciotti, *Paolo Apostolo*. Roma, Coletti editore, 1957, p. 293.

Os dois missionários superaram todas essas dificuldades, sustentando-se com o pensamento de que, se aquele áspero caminho era percorrido por mercadores em busca de lucro, pelos legionários romanos durante disciplina militar, por funcionários do Império a serviço, tanto mais devia ser percorrido pelos apóstolos de Jesus, o Messias, para sua glória.

O quarto e o quinto dia de viagem foram mais fáceis: costeando o lago de Egherdir numa paisagem alpina, e, depois de mais um pernoite ou dois, chegaram a Antioquia.

Em Antioquia da Pisídia

Antioquia da Pisídia é uma linda cidade evoluída e elegante, tanto assim que era considerada uma Roma em miniatura. Chegados à cidade, a primeira preocupação de Paulo e Barnabé foi a de anunciar Jesus.

No sábado, dia em que os judeus se reúnem para o estudo da Palavra de Deus, também eles entraram na sinagoga. Após a leitura da Sagrada Escritura, o chefe da sinagoga convidou os dois recém-chegados, dizendo-lhes: "Irmãos, se tendes alguma palavra de exortação para o povo, falai".

Paulo levantou-se de imediato e falou: "Homens de Israel e vós todos que temeis a Deus, ouvi-me...".

E narrou em síntese toda a história de Israel, acentuando os momentos mais salientes, que ele recorda aos seus ouvintes; e no contexto da história, como ponto alto, faz emergir a figura de Cristo, o Salvador esperado.

Paulo afirma:

A nós foi enviada a Palavra de salvação. Os habitantes de Jerusalém e seus chefes não conheceram Jesus e, condenando-o à morte, cumpriram o que fora dito pelos profetas. Não tendo encontrado nele motivo algum de condenação à morte, pediram a Pilatos que ele fosse crucificado. Depois de ter cumprido tudo quanto havia sido escrito sobre ele, desceram-no da cruz e o colocaram no sepulcro. Mas Deus o ressuscitou dos mortos e ele apareceu durante muitos dias àqueles que tinham andado com ele desde a Galileia até Jerusalém. E esses são agora testemunhas dele diante do povo.

Após ter enfatizado repetidamente o fato fundamental da ressurreição de Jesus, Paulo proclama: "Seja-vos conhecido, irmãos, que por obra de Cristo é anunciado a vós o perdão dos pecados... Por meio dele, todo aquele que crê é justificado".

A assembleia fica extremamente interessada. Muitos se entretêm ainda com os missionários, manifestando-lhes o desejo de ouvi-los no sábado seguinte. Para além de toda previsão, para aquele novo encontro se reuniu uma grande multidão de pagãos, tanto assim, que Lucas diz que se reuniu toda a cidade.

Mas acontece que os judeus, enciumados, se puseram a contrastar as afirmações de Paulo e a injuriá-lo fortemente. A situação tornou-se tão incandescente, que os dois missionários se viram obrigados a deixar esse lugar.

Deus escreve certo por linhas tortas

Sobre isso, é interessante ouvir o que diz Henri Dominique Saffey:

> Intui-se facilmente o que deveria acontecer. Uma mensagem ou um enviado de Quinto Sérgio Paulo tinha advertido seus compatriotas e recomendado à atenção deles a presença de Paulo e Barnabé.
>
> Espontaneamente, toda a cidade veio para ouvi-los. Os judeus, furiosos por verem que os pagãos tinham vindo para ouvir os pregadores, blasfemavam o nome de Cristo; e Paulo dirigiu-lhes esta candente resposta: "Era preciso que a vós fosse dirigida em primeiro lugar a palavra de Deus. Mas visto que a recusais, e não vos julgais dignos da vida eterna, eis que nos voltamos para os pagãos".
>
> Esta é a primeira pregação em massa para os pagãos e é em Antioquia que Paulo, graças à amizade de seu primeiro convertido, o procônsul de Chipre, Quinto Sérgio Paulo, exercita seu ministério de apóstolo entre as nações pagãs.
>
> Pregar primeiro aos judeus na sinagoga, e depois ensinar os gregos no meio da cidade, seria o método constante do apostolado de Paulo em todo o Oriente greco-romano. A reação dos judeus, primeiro em Antioquia e depois em toda parte, consistirá em fomentar a agitação e a perseguição, que obrigará o apóstolo a fugir de cidade em cidade. Exatamente por isso é que a missão progride.[2]

---

[2] H. D. Saffrey, *San Paolo Apostolo*. Cinisello Balsamo (MI), San Paolo, 1995, p. 44.

Paulo e o povo eleito

Não obstante as graves dificuldades que Paulo continuará a encontrar sistematicamente por parte de seus conterrâneos, ele os leva no coração com amor ardente. Escrevendo aos romanos, ele lhes afirma que tem uma grande dor no coração, um grande sofrimento:

> Eu quereria ser separado de Cristo, para vantagem de meus irmãos, meus consanguíneos segundo a carne. Eles são israelitas e receberam a adoção de filhos, a glória, a aliança, a legislação, o culto e a promessa: a eles pertencem os patriarcas e deles provém Cristo, Deus bendito nos séculos.

Não terem reconhecido e acolhido Jesus e, sobretudo, tê-lo recusado, constitui certamente um erro grave, mas Paulo espera que também desse mal provenha um bem ainda maior, seja em favor dos pagãos, seja em favor dos próprios judeus. Por isso, enquanto se pergunta se Deus teria repudiado o seu povo, e se a queda dele é sem esperança, exclama: "Impossível! Não, certamente não!". E confessa: "O desejo do meu coração e a minha oração sobem a Deus pela salvação deles. De fato, dou testemunho de que eles têm zelo por Deus. Quanto à escolha de Deus, eles são amados por causa dos pais, e os dons e o chamado de Deus são irrevogáveis".

Ninguém que busque a Deus?

Paulo não se ilude sobre a real condição da humanidade. Não somente os judeus, mas todos os homens estão sob o regime do pecado. A esse propósito, reportando-se livremente à Escritura, afirma dramaticamente:

> Não há nenhum justo, nem mesmo um,
> não há quem compreende,
> não há ninguém que busque a Deus!
> Todos se perderam no caminho, corromperam-se juntamente,
> não há quem faça o bem, nem mesmo um só.
> Ruína e desgraça é o seu caminho,
> e o caminho da paz, eles não o conheceram
> (Rm 3,10).

O perfil do pecado que Paulo descreve nas suas muitas manifestações evidencia uma situação trágica, até mesmo de grande atualidade. Ele denuncia o pecado dos pagãos que se manifesta, sobretudo, na recusa de reconhecer a Deus, que se manifesta na criação.

Vagando nos pensamentos de seu coração, eles obscureceram sua mente e, tendo-se como sábios, tornaram-se estultos e depravados. Por isso Deus os abandonou a si mesmos e aos seus pensamentos pervertidos.

> Eles trocaram a verdade de Deus pela mentira e adoraram e serviram às criaturas e não ao Criador. Mudaram as relações naturais com aquelas que são contra a natureza, cometendo atos ignominiosos. Desse modo, receberam em si mesmos a retribuição devida aos seus desvios.

Cometeram ações indignas. São cheios de injustiça, de malvadeza, de homicídios, de litígios, de trapaças, de malignidade; difamadores, maledicentes, inimigos de Deus, arrogantes, soberbos, desleais, sem coração, sem misericórdia. E apesar de conhecerem os julgamentos de Deus, ou seja, que os autores de tais obras merecem a morte, eles não se converteram, antes, aprovam o que fizeram (Rm 1).

Depois de ter denunciado o pecado dos pagãos, Paulo interpela sem meios-termos os seus conterrâneos, dizendo:

> Quem quer que tu sejas, a ti que julgas, não tens motivo de desculpa porque, enquanto julgas os outros, condenas a ti mesmo; tu que julgas, de fato, fazes as mesmas coisas. Pensas acaso que podes fugir do juízo de Deus? Ou desprezas a riqueza da sua bondade, da sua clemência e da sua magnanimidade, sem reconhecer que a bondade de Deus te impele à conversão? (Rm 2).

Finalmente, Paulo faz uma análise aguda da pessoa inclinada ao mal e, como que falando para si mesmo, da força perversa que o ameaça, diz:

> Sinto em mim o desejo do bem, mas não o consigo; de fato, não faço o bem que quero, mas o mal que não quero. Sinto em mim esta lei: quando quero fazer o bem, o mal está ao meu lado. De fato, no meu íntimo consinto na lei de Deus, mas vejo em meus membros uma outra lei, que combate contra a lei da minha razão e me torna escravo. Infeliz de mim! Quem me libertará deste corpo de morte? Sejam dadas graças a Deus por meio de Jesus Cristo nosso Senhor (Rm 7).

Onde transbordou o pecado, aí supertransbordou a graça

O pecado escurece o horizonte do homem e pesa sobre ele como uma capa de chumbo. Mas exatamente essa tomada de consciência é que faz brotar o grito de esperança da fé que faz São Paulo dizer: "Sejam dadas graças a Deus por meio de Jesus Cristo, nosso Senhor". Porque da humanidade, oprimida pela situação de pecado e de morte, se aproxima o rosto de misericórdia de Deus Pai e Criador, que jamais abandona definitivamente o homem. E mesmo que o deixe livre, como que abandonado ao sabor de si mesmo, ele o segue com um amor apaixonado. Um amor invencível, mais forte do que a morte e que se revela no sacrifício do seu Filho amado. Somente a arrogância de quem escolhe livremente o mal pelo mal, e não se arrepende, pode tornar ineficaz o poder do amor de Deus e romper o seu sonho. Porque a vontade de Deus, o seu sonho, é a salvação de todos, a felicidade sem limites para todos. Não somente para o povo eleito, mas para todos, sem distinção alguma de pessoas, incluindo toda a criação que agora geme e sofre como que em dores de parto.

É esse o mistério escondido nos séculos e que se manifestou em Jesus, o Filho dileto, que o Pai enviou à terra para dar cumprimento a seu projeto/sonho de salvação. Para a nossa salvação, o Filho de Deus, sendo ele o próprio Deus, se abaixou de modo vertiginoso e impensável. Fez-se homem e assumiu a natureza humana do pecador.

Paulo afirma que Jesus:

Ele tinha a natureza de Deus,
mas não tentou ficar igual a Deus.
Pelo contrário,
ele abriu mão
de tudo o que era seu,
e tomou a natureza de servo,
tornando-se assim
igual aos seres humanos.
E, vivendo a vida comum
de um ser humano,
ele foi humilde e obedeceu a Deus
até a morte,
– morte de cruz (Fl 2,6-8).

Exatamente por isso, Paulo, que sentiu a situação trágica e universal de pecado, explode em exclamação de surpresa e alegre gratidão: "Ele me amou e se entregou por mim" e "Onde transbordou o pecado, supertransbordou a graça".

Elevando a Deus um louvor, exclama:

Ó profundidade de riqueza, de ciência e de sabedoria de Deus! Como são insondáveis seus desígnios e inacessíveis os seus caminhos! De fato, quem foi seu conselheiro? Ou quem lhe deu alguma coisa primeiro para receber algo em troca? Pois que dele e para ele são todas as coisas. A ele, glória pelos séculos (Rm 11,33-36).

De Antioquia a Listra e Icônio

A certeza desse infinito amor-que-salva impele Paulo e Barnabé, como também outros apóstolos e testemunhas, a proclamar por toda parte as maravilhas que Deus fez em favor de todos.

Porquanto Paulo e Barnabé tenham tido que fugir de Antioquia da Pisídia, a ideia de abandonar a missão nem sequer lhes ocorre. Não obstante isso lhes cause alguma apreensão, seguem adiante com coragem, decididos a prosseguir. A qualquer custo. Eles sabem que estão com Jesus e que Jesus os sustenta e age com eles.

Também os encorajam muitos antioquinos que, apesar da perseguição, acolheram a Palavra de Deus e decidiram ser cristãos.

Descobriram no Evangelho o sentido profundo do próprio existir e o gosto de viver; portanto, como afirma Lucas, estão agora cheios de alegria e do Espírito Santo.

Entre os muitos convertidos incluem-se alguns judeus e, todos juntos, unidos na mesma fé, formam um núcleo consistente em que se funda a Igreja em Antioquia da Pisídia. Porque Jesus, com sua morte, destruiu o muro de separação entre judeus e pagãos. Assim, já não são dois povos, mas um só povo, uma só família. Aliás, Paulo afirma: um só corpo em Cristo.

Ao fugir de Antioquia, a primeira cidade a que Paulo e Barnabé chegam é Icônio. E também nessa cidade se repete mais ou menos o que ocorreu em Antioquia. Mas ali eles conseguem ficar mais tempo e podem falar com toda a firmeza sobre o Evangelho.

Por meio dos dois apóstolos, Jesus realiza muitos sinais e prodígios, ou seja, milagres que confirmam a fé da nova comunidade de crentes.

Mas a hostilidade dos judeus chega também aqui e consegue agitar o povo e sublevar a cidade contra os missionários, que são constrangidos a uma fuga imediata, a fim de evitar um apedrejamento.

A nova etapa de evangelização é a cidade de Listra. E aqui se dá um fato singular. Entre os ouvintes e curiosos está um aleijado. Ele olha atentamente para Paulo. E este, intuindo nele uma fé suficiente, ordena-lhe: "Levanta-te e fica direito sobre teus pés". De imediato, o homem dá um pulo e fica firme sobre os pés e caminha com normalidade. A multidão, que o conhece como um estropiado, entra em delírio, e julga que um acontecimento de tão grande porte somente os deuses podem realizar.

Logo... esses homens são deuses descidos do céu. Acreditam que Barnabé seja o deus Zeus, e Paulo, Hermes. Cheios de alegria pelo privilégio de terem deuses no meio deles, preparam-se para oferecer-lhes sacrifícios.

Estarrecidos, os apóstolos gritam-lhes:

O que estais fazendo? Nós somos pessoas humanas e mortais como vós, e vos anunciamos que deveis converter-vos destas vaidades para o Deus vivente, que fez o céu e a terra, o mar e tudo o que nele existe. Nas gerações passadas, ele deixou que todos seguissem seu caminho, mas não deixou de dar provas de si mesmo, beneficiando, concedendo-vos do céu chuva para as estações ricas de frutos e dando-vos o alimento com abundância, para a alegria de vossos corações.

Enfim, quando conseguem levar a multidão a desistir de fazer as oferendas para o sacrifício, eles falam de Jesus a todos aqueles que estavam dispostos a escutá-los.

Mas a cena muda completamente e de modo radical. De Antioquia, e talvez também de Icônio, chegam os judaizantes exaltados, que sublevam a população e as colocam contra os apóstolos. Passa-se então da exaltação para uma perseguição feroz.

Paulo é então lapidado, como já o fora Estêvão. Sob grande quantidade de pedras, ele jaz por terra. Está morto. Os próprios apedrejadores o arrastam para fora da cidade. Morto de verdade? Nenhuma dúvida paira sobre seus apedrejadores.

Mas assim que esses apedrejadores se vão, Barnabé e todos os que acreditaram no Evangelho se aproximam do corpo inerte de Paulo. Incrível! Paulo está... vivo! E com a ajuda dos seus, põe-se de pé.

Com certeza, o Espírito de Jesus o assistiu e agiu de modo excepcional. E Paulo recobrou coragem para partir. Não certamente para correr, mas para caminhar. Ele sabe que deve afastar-se o mais breve possível também de Listra.

Fugindo... a fim de continuar a anunciar o Evangelho.

Não obstante tudo isso, também em Listra são numerosas as pessoas que acolheram e acreditaram no anúncio de Jesus. Entre essas pessoas, destaca-se em particular a família do jovem Timóteo, que se tornará a seguir um discípulo fidelíssimo e amado de Paulo, como filho predileto e colaborador generoso.

Em Derbe: a Igreja doméstica

Antes de retornar à Síria, Paulo e Barnabé vão até a cidade de Derbe. E aqui, felizmente, os dissidentes não chegam para impedir a sua obra. Eles estão certos de terem eliminado Paulo definitivamente. Por isso, a missão de Paulo e Barnabé prossegue em clima de paz.

Quando partem daí, deixam uma comunidade bem formada e bem organizada, sob os cuidados de um crente capaz de dar uma boa garantia. O coordenador da comunidade cristã é o ponto de referência, o primeiro responsável, com poderes especiais. É o presbítero (o padre).

Mas por que não voltar também às cidades de onde fugiram, deixando os discípulos no abandono? Paulo e Barnabé decidem refazer o caminho em direção contrária. Em todo lugar seu coração é alegrado e consolado porque encontram os discípulos corajosamente firmes e alegres de ser cristãos, não obstante as provações a que são submetidos.

Permanecem alguns dias com os discípulos de Listra e depois com os de Icônio e de Antioquia, a fim de melhorar sua formação e ajudá-los a aprofundar o Evangelho de Jesus; e os organiza em comunidades (pequenas igrejas locais) com um presbítero responsável e confiável.

Dessa forma, junto às famílias, os crentes começam a reunir-se para louvar a Deus, para ouvir sua Palavra e celebrar a santa Eucaristia durante as vigílias de oração, orientadas por um presbítero.

Assim nascem numerosas igrejas locais que nos primeiros tempos se chamam igrejas domésticas, ou seja, uma casa particular (*domus*).

Nos dias de descanso, juntamente com a comunidade, os apóstolos rezam e jejuam, a fim de obter sobre todos a força de resistir na fé, não obstante as perseguições e as várias dificuldades da vida. Porque, dizem eles, "devemos entrar no Reino de Deus através de muitas tribulações".

Essa lição, os discípulos aprenderam bem desde o início, e desejam perseverar confiando-se à graça de Deus. De resto, o que poderia dar-lhes motivos de alegria maior do que o Evangelho de Jesus?

Não é por nada que a palavra *evangelho* significa *boa notícia*. Ora, eles sabem que o Altíssimo Deus é seu Pai e os ama. Sabem também que foi por eles que Jesus morreu, ressuscitou e que está perto deles, de modo real, embora invisível. Sobretudo, sabem que o Espírito Santo os acompanha todos os dias da vida presente, até chegar à festa que nunca se acaba, para além do tempo.

No caminho de volta

Antes de embarcar para Antioquia, Paulo e Barnabé passam por Perge. Não resistem ao desejo de anunciar o

Evangelho de Jesus também nessa cidade. E aqui também Jesus torna eficaz a palavra desses dois apaixonados embaixadores.

E, quando finalmente zarpam do porto de Atália, embora fatigados e marcados pelo cansaço e pelas perseguições e apedrejamentos, o coração deles dança de alegria.

Eles estão conscientes de terem cumprido da melhor maneira sua missão como embaixadores de Jesus Cristo, de se terem colocado totalmente a serviço do Evangelho, rezando, sofrendo e agindo. Também sentiram que Deus os assistiu durante toda a missão vivida, confiados no seu amor providencial.

Foi ele quem os conduziu de uma cidade a outra, de Chipre à Anatólia, da cidade de Pafos até a de Derbe. E foi ele quem abriu o ânimo de uma multidão de irmãos para acolher o dom da salvação.

Eles relembram a aventura vivida. E falam sobre isso, trocando impressões. Como não sorrir, ao lembrar o delírio das multidões, a cura milagrosa do aleijado de Listra, que os havia considerado *deuses*?

Mas depois... que reviravolta na situação, que levou Paulo ao apedrejamento. Isso de fato não os faz sorrir. Foi um verdadeiro milagre ele não ter morrido.

Recordam com particular simpatia o governador de Chipre, Sérgio Paulo, que, depois de ter aderido ao Evangelho, os tinha orientado para Antioquia da Pisídia, procurando que os antioquinos os acolhessem bem.

Tudo tinha começado exatamente em Antioquia, e, com intensidade, a evangelização dos pagãos. Os seus conterrâneos, aos quais se tinham dirigido por primeiro, haviam-se excluído, eles mesmos, do Evangelho e tinham também combatido, a fim de impedir que este fosse comunicado aos pagãos.

Essa autoexclusão do Evangelho por parte dos judeus é o espinho que se contorce no coração dos dois apóstolos.

Finalmente, em casa

A chegada a Antioquia da Síria tinha para eles o bom sabor de retorno à casa, em família. A comunidade acolhe festivamente os seus missionários e ouve, com vivo interesse, a narrativa das maravilhas que Deus tinha operado através deles. Ao mesmo tempo, eles louvam a Deus por ter aberto o coração do povo estrangeiro para o Evangelho:

> Louvai a Deus todas as gentes,
> Povos todos, cantai seu louvor,
> porque grande é seu amor por nós,
> e a fidelidade do Senhor dura para sempre (Sl 117).

O amor do Pai pela família humana é verdadeiramente forte. Jesus tinha dito com clareza que: "Deus amou tanto o mundo que enviou o seu Filho unigênito, a fim de que nenhum dos que nele crer se perca, mas tenha a vida eterna. De fato, Deus não enviou seu Filho ao mundo para condenar o mundo, mas para que o mundo seja salvo por meio dele" (Jo 3,16-17).

É, portanto, justo que os fiéis da comunidade de Antioquia exultem de alegria. Mas nem todos. Porque alguns fundamentalistas, vindos de Jerusalém, ao invés de partilharem da alegria, mantêm certa reserva. Embora sejam convertidos a Jesus Cristo, não lhe assimilaram completamente o espírito. Permanecem presos a um intrincado de leis sobrepostas ao Decálogo. E começam a fazer interrogações: "As pessoas que provêm do paganismo são confiáveis?". "São pessoas de boa formação segundo as leis de Israel?" "Em particular, foram circuncidadas?" "Pois", afirmam eles, "se os pagãos convertidos a Cristo não receberem a circuncisão imposta por Moisés, não poderão salvar-se".

Não é nada positivo esse fundamentalismo míope.

Contra tais teorias, Paulo e Barnabé reagem fortemente. Se fossem questões de pouca importância, eles deixariam que se perdessem. Mas trata-se de um problema de consequências gravíssimas, também para o futuro.

Tendo em vista a necessidade de ter uma linha segura de comportamento, decidem mandar a Jerusalém, para consultar os apóstolos, uma delegação com Paulo e Barnabé.

Paulo e Barnabé visitam Jerusalém. "Reconhecendo a graça que me foi dada, Tiago, Cefas e João, considerados as colunas da Igreja, deram-nos a mão, como sinal de nossa comunhão recíproca."

CAPÍTULO 3

O CONCÍLIO DE JERUSALÉM

Devem os pagãos ser circuncidados?

Lucas narra: "Pois que Paulo e Barnabé discordavam e discutiam fortemente com tais questionadores, estabeleceu-se que Paulo e Barnabé, com alguns deles, fossem a Jerusalém consultar os apóstolos e os anciãos sobre tais questões".

A igreja providenciou-lhes o necessário, e eles atravessaram a Fenícia e a Samaria. E iam falando sobre a conversão dos pagãos, e suscitavam grande alegria em todos os irmãos.

Chegados a Jerusalém, foram recebidos pela Igreja, pelos apóstolos e pelos anciãos, aos quais referiram as grandes coisas que Deus tinha feito por meio deles.

Mas levantaram-se alguns da seita dos fariseus convertidos à fé, que afirmavam: "É preciso circuncidá-los e ordenar-lhes que observem a lei de Moisés".

Então os apóstolos se reuniram, juntamente com os anciãos, para examinar o problema.

Surgiu uma grande discussão. Pedro levantou-se e disse-lhes:

> Irmãos, sabeis há muito tempo que Deus me escolheu do vosso meio e vos determinou, pela minha boca, que as nações ouçam a palavra do Evangelho e venham à fé. E Deus, que conhece os corações, deu testemunho em favor deles, concedendo-lhes também o Espírito Santo como a nós. E não faz nenhuma distinção entre nós e eles, purificando os seus corações mediante a fé. Ora, por que tentar a Deus, impondo sobre os ombros dos discípulos um jugo que nem nossos pais nem nós temos sido capazes de suportar? Nós cremos que é pela graça do Senhor Jesus que somos salvos, assim como eles também.

Então toda a assembleia, que esteve ali calada, ouviu Barnabé e Paulo contarem quão grandes sinais e prodígios Deus havia realizado entre as nações por meio deles. Quando terminou de falar, Tiago tomou a palavra e disse:

> Irmãos, ouvi-me. Simão referiu como desde o princípio Deus quis escolher dentre as gentes um povo para seu nome. Com isso concordam as palavras dos profetas. Por isso eu acredito que não se deva importunar os gentios que se convertem a Deus, mas somente que se lhes ordene que evitem as contaminações com os ídolos, as uniões ilegítimas, a carne de animais sufocados e do sangue.
> Desde os tempos mais antigos, existe em todas as cidades quem prega a respeito de Moisés, pois se lê a Escritura todos os sábados nas sinagogas.

Pareceu bem, aos apóstolos e aos anciãos, com toda a Igreja, escolher alguns deles e enviá-los a Antioquia, juntamente com Paulo e Barnabé: Judas, chamado Barsabás, e Silas, homem de grande autoridade entre os irmãos. E através deles, enviaram esta *carta-documento* sobre tudo o que se tinha decidido.

Os apóstolos e os anciãos, vossos irmãos, aos irmãos de Antioquia, da Síria e da Cilícia que provêm do paganismo, saudação!

Sabemos que alguns dos nossos, aos quais não tínhamos dado nenhum encargo, vieram confundir-vos com discursos que perturbaram vossos ânimos. Pareceu-nos bem, de acordo com todos nós, escolher algumas pessoas e enviá-las até vós, juntamente com nossos caríssimos Barnabé e Paulo, homens que arriscaram a vida pelo nome do Senhor Jesus Cristo. Portanto, enviamos Judas e Silas para vos dizer, também eles, essas mesmas coisas.

Pareceu bem, ao Espírito Santo e a nós, não vos impor outras obrigações além destas coisas que são necessárias: abster-vos das carnes sacrificadas aos ídolos, do sangue, dos animais sufocados e das uniões ilegítimas. Fazeis bem em manter-vos longe dessas coisas. Passai bem!

Eles então se despediram e foram para Antioquia. À sua chegada, reuniu-se toda a assembleia, e leu-se a carta. Terminada a leitura, todos se alegraram, pelo encorajamento que lhes era infundido.

Judas e Silas (Silvano), sendo também eles profetas, com um longo discurso encorajaram os irmãos e os fortaleceram. Após certo tempo, os irmãos os despediram com a saudação de paz, e eles retornaram àqueles que os tinham enviado.

Problema aberto

No contexto do concílio, e para evitar equívocos, Paulo tinha exposto privadamente, às pessoas mais autorizadas da Igreja de Jerusalém, o estilo e os conteúdos da sua evangelização para obter reconhecimento, tanto assim, que ele pôde afirmar: "A mim, nada me foi imposto". E não tinha surgido nenhum problema em relação a Tito, um neoconvertido, que permanecera incircunciso, e que Paulo trazia consigo.

Portanto, ficara tudo claro em relação à circuncisão e a tudo o que ela se referisse? Parece! Mas não foi o que aconteceu. Isso ficou evidente com o comportamento de Pedro em Antioquia. Paulo fala disso alguns anos mais tarde, no inverno de 56-57, numa carta dirigida aos gálatas. Ele se refere a Pedro que estava então em Antioquia, numa comunidade cristã mista; mas com a chegada de alguns, vindos da parte de Tiago, Pedro tinha começado a evitar os incircuncisos por temor da circuncisão. Desconcertado por isso, e também pelo fato de que seu amigo Barnabé o estava imitando, Paulo afrontou Pedro, censurando-o pelo seu modo errôneo de comportar-se, o que causava desorientação aos fiéis.

A questão era grave. De tal forma que não enfrentar o problema teria consequências sérias para a Igreja.

De fato, a cabeça da Igreja não estava mais em Moisés, mas em Cristo, seu legislador e mestre. E não poderia fechar-se num gueto do judaísmo atual, sujeito a mil prescrições já superadas e que desvirtuava a própria lei transmitida ao povo por Moisés.

Naquela ocasião, talvez Pedro se lembrasse das palavras com que Jesus tinha reprovado os fariseus, quando o tinham criticado porque seus discípulos não seguiam um dos muitos preceitos judaicos. Jesus os tinha chamado de hipócritas, hábeis em desprezar o mandamento de Deus para observar as próprias tradições.

Mesmo sendo ele eleito por Jesus como chefe de toda a Igreja, e sendo um homem reto, Pedro aceitou a reprovação de Paulo e reconheceu o risco a que poderia incorrer no futuro.

De resto, não tinha sido o mesmo Pedro que, ainda nos inícios, tinha batizado o centurião Cornélio com toda a sua família?

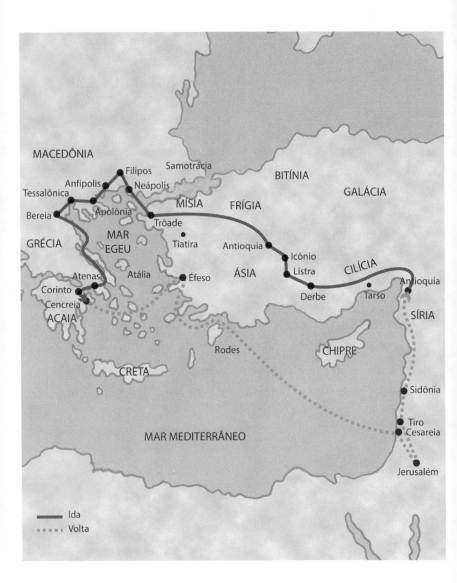

Segunda viagem de São Paulo. Paulo e Silas, chegando a Listra, encontram Timóteo. Em Filipos, o Senhor abre o coração de Lídia. Paulo e Silas são encarcerados, mas Deus os liberta. Paulo fala no Areópago, anunciando aos gregos o Deus desconhecido.

CAPÍTULO 4

A SEGUNDA VIAGEM

Da Ásia à Europa

Para Paulo, o ambiente de Antioquia começa a tornar-se muito estreito. E então é tomado pelo cuidado das igrejas fundadas com Barnabé em Chipre e na Ásia Menor (Turquia).

Após o breve tempo transcorrido junto àqueles que tinham acreditado em Jesus: certamente eles sentem necessidade de uma melhor iluminação na fé e de serem sustentados nas dificuldades. Por isso, propõe a Barnabé: "Vamos visitar os irmãos?".

Barnabé concorda imediatamente, e propõe levar junto o seu primo João Marcos. Mas quem não está completamente de acordo é Paulo, que conserva uma recordação negativa desse jovem que, em Perge, os tinha abandonado. Considera que Marcos não é confiável e não acredita que ele tenha mudado.

Seu julgamento é inflexível, a ponto de causar uma ruptura com Barnabé, seu amigo queridíssimo, que lhe tinha dado grandes provas de confiança, de afeto e de encorajamento.

Como poderia esquecer que o próprio Barnabé o tinha apresentado à Igreja de Jerusalém, enquanto todos o temiam? E não tinha sido Barnabé a procurá-lo em Tarso para pedir-lhe que viesse colaborar com ele em Antioquia, onde fora acolhido e inserido entre os membros mais insignes da comunidade?

Com Barnabé, ele tinha partilhado as muitas fadigas e consolações da última viagem missionária. Mas talvez Paulo ainda esteja amargurado pelo fato de que também Barnabé, como Pedro e outros, se tivesse deixado influenciar em relação aos incircuncisos.

Não obstante as graças excepcionais com que Paulo fora enriquecido, ele conserva um caráter forte e irredutível, que, todavia, contrasta com os sentimentos profundos de afeto e ternura de que é dotado.

Nesse momento, o desencontro leva os dois amigos a uma sofrida separação. Ainda que Paulo conserve sempre no coração uma estima cordial e sincera para com Barnabé, como também para com Marcos, terá a seguir uma outra medida de avaliação. Tanto assim que, a Timóteo, num dos momentos mais difíceis de sua vida, ele pedirá: "Toma Marcos contigo e traze-o, porque ele me será muito útil para o ministério" (2Tm 4,11).

Mas a separação tem também seu lado positivo, dado que se tornará ocasião para enfrentar um duplo campo de apostolado. De fato, Barnabé embarca com seu primo Marcos para Chipre, ao passo que Paulo se encaminha com Silvano para a comunidade da Galácia.

O amor de Cristo me impulsiona

Paulo parece sustentado e impelido por um fogo que arde dentro dele e que não lhe dá trégua. Afirma que o amor de Cristo o impulsiona, o envolve, o arrasta. Tem esculpida na mente e no coração a imagem de Jesus crucificado, imagem do amor absoluto, gratuito e indubitável de Deus. "Ele me amou e se entregou por mim", repete a si mesmo.

Ele viu Jesus. Ele o conheceu. Ele o experimentou na própria vida, a partir de Damasco e, depois, num crescendo contínuo. Também quando não o vê com os olhos, também quando tudo se torna pesado e escuro, sabe que Jesus está vivo e presente dia após dia e em cada instante de cada dia.

Sente-se ansioso para tornar conhecido a todos que o mesmo amor envolve cada pessoa humana sem discriminação alguma. Submete-se a qualquer sacrifício para que Jesus seja conhecido e acolhido por todos, e assim se realize o sonho de Deus.

Ele pode afirmar de verdade: "Embora sendo livre de todos, fiz-me servo para todos. Fiz-me judeu com os judeus. Fiz-me fraco com os fracos, fiz-me tudo para todos a fim de salvar alguns a qualquer custo" (1Cor 9,19).

Silvano partilha com Paulo do mesmo amor, pronto a enfrentar com ele as muitas provas e imprevistos da vida e do apostolado.

Tendo partido de Antioquia, os dois missionários atravessam a Síria e a Cilícia, rumo ao planalto anatólico. O caminho é longo e cheio de imprevistos. Entrando na Cilícia, passam pelas Portas Siríacas. Durante o caminho, param junto às comunidades já conhecidas de Paulo. Atravessam as Portas da Cilícia para a escalada do Tauro, muito mais perigosa do que aquela feita cinco anos atrás, antes de chegar a Antioquia da Pisídia.

Quem fala sobre isso, agora, é Giuseppe Ricciotti, estudioso e perito conhecedor dessas paragens. Ele diz:

> Já no segundo dia de caminho, a péssima estrada que se infiltrava entre estreitíssimas gargantas de montanha que deixavam ver apenas um pedacinho de céu; à medida que avançavam, podiam encontrar torrentes para atravessar a vau e desmoronamentos que obstruíam a passagem; podiam ouvir o ribombar de pedras enormes que rolavam do alto e uivos de feras escondidas entre as rochas. Podiam ser surpreendidos por hordas de ladrões, instalados havia muito tempo naquelas paragens; ou cadáveres de homens e de animais abandonados ao longo da estrada: mas não encontravam nem um centro habitado, nem um albergue para passar a noite. Ao cair rápido da noite, era preciso abrigar-se sob uma árvore e sem o perigo de qualquer rocha que pudesse desabar. Comer um parco alimento que traziam consigo,

enrolar-se no próprio manto e estender-se por terra para dormir, depois de ter-se prevenido de perigos circunstantes...[3]

Paulo sente a urgência de chegar aos irmãos das jovens comunidades, fundadas junto com Barnabé em Derbe, Listra, Icônio e Antioquia.

Chegam a Derbe após dez dias de marcha forçada. E ali, como em outras cidades, acontece um encontro cordial com os irmãos, aos quais ele leva conforto e encorajamento. Celebram a Eucaristia juntos e louvam o Pai, com Jesus e o Espírito Santo. Enfrentam, enfim, vários problemas de fé e de vida. Sobretudo, ele aprofunda o conhecimento do Pai e de Jesus, seu Filho, Mestre e Salvador universal, e invoca a força do Espírito vivificador.

Na comunidade de Listra, o motivo de especial alegria para Paulo é o encontro com Timóteo. Não obstante sua pouca idade, ele já vive uma vida de fé de alto grau e é muito apreciado pelos fiéis de Listra e de Icônio.

Com sua mãe Eunice e a avó Loide, há um profundo entendimento de fé e de amizade. Toda a família, talvez também o pai, o qual, todavia não se menciona, se tinha convertido a Cristo já na viagem anterior; e seguramente tinha oferecido hospitalidade a Paulo e a Barnabé, após seu apedrejamento.

Já antes disso, Paulo tinha posto em Timóteo uma grande confiança, mas agora, ouvindo ele os elogios que as comunidades de Listra e Icônio lhe faziam, é mais

---

[3] G. Ricciotti. *Paolo Apostolo*, p. 326.

do que nunca seguro de contar com sua colaboração; e o convida a unir-se a ele no anúncio do Evangelho.

Um programa extra na Galácia

Após a visita às igrejas de Derbe, Listra, Icônio e Antioquia, a equipe missionária, agora composta de Paulo, Silvano e Timóteo, programa evangelizar as cidades de outras províncias limítrofes, particularmente a província da Ásia, mirando de modo especial a grande cidade de Éfeso.

Mas Lucas diz que o Espírito Santo os impediu e, mais ainda, quando atingiram a Mísia, disse-lhes que não passassem nem mesmo pela Bitínia.

Em que tenha consistido tais impedimentos não o sabemos, mas seguramente, confiando-se a Deus, os missionários retêm como sinais indicadores da sua vontade, e com fé confiante e corajosa, estão prontos a modificar seu plano de ação quando houver dificuldades tais que os impeçam.

Um dos impedimentos que os constrange a permanecer por algum tempo numa cidade da Galácia setentrional, não bem identificada, é talvez uma doença séria que tenha atingido Paulo.

Dessa doença só se tem notícia através da carta escrita aos gálatas, anos mais tarde, durante o inverno 56/57, transcorrido em Corinto. Aqui Paulo escreve:

Sabeis que durante uma doença do corpo eu vos anunciei pela primeira vez o Evangelho. Aquilo que na minha carne era para vós uma provação, não a haveis desprezado nem afastado, mas me acolhestes como a um anjo de Deus, como o próprio Cristo Jesus. Eu dou testemunho que, se fosse possível, vós teríeis até arrancado os olhos para me dar (Gl 4,13-15).

Tal expressão revela o acolhimento e os cuidados especiais que os gálatas dispensaram a Paulo durante sua enfermidade. E o fizeram como a um mensageiro de Deus.

Mas exatamente dos gálatas, tão sinceramente solícitos e abertos à fé, foi que surgiram ocasiões dolorosas, por motivos de desvios em que eles tinham incorrido, por causa dos judaizantes. Estes haviam chegado propositadamente à Galácia, a fim de convencer o povo de que não havia salvação sem a circuncisão. E punham também em dúvida a autoridade de Paulo.

Nessa mesma carta, Paulo defende o seu Evangelho e a sua autoridade, como sendo constituído apóstolo não por parte dos homens, nem por meio deles, mas por meio de Jesus Cristo. Declara que o Evangelho por ele anunciado, não o tinha recebido dos homens, mas por revelação do próprio Jesus Cristo. E diz: "Admiro-me que tão depressa passastes para outro Evangelho... Ó gálatas insensatos, quem vos seduziu? Exatamente vós, aos olhos de quem foi representado ao vivo Jesus crucificado. Tendes sofrido em vão? Corríeis bem. Quem vos fez desviar do caminho?".

Em relação àqueles que tinham interceptado o caminho aos seus filhos, Paulo é severíssimo. Parece até mesmo perder o controle de si perante aquelas mais pesadas acusações.

A liberdade do Evangelho

Por força do seu Evangelho, Paulo afirma que não conta nem ser, nem não ser circuncidado. O que conta é a fé em Jesus Cristo, no qual o Pai nos torna seus filhos e nos santifica no Espírito.

"Quando chegou a plenitude dos tempos", escreve ele na mesma carta,

> Deus enviou seu Filho, nascido de mulher, nascido sob a lei, a fim de que pudéssemos obter a adoção de filhos. E porque sois filhos, Deus enviou aos nossos corações o Espírito de seu Filho, que clama: *Abbá*! Pai! Portanto, já não és mais escravo, mas filho, e se és filho, és também herdeiro da graça de Deus (Gl 4,4-7).

Também na Carta aos Romanos, escrita no mesmo inverno, Paulo rebate esse pensamento:

> Aqueles que são guiados pelo Espírito são filhos de Deus. E vós não recebestes um espírito de escravidão para cairdes no temor, mas recebestes o Espírito que vos torna filhos adotivos, por meio do qual clamamos: *Abbá*! Pai! O mesmo Espírito, juntamente com nosso espírito, atesta que somos filhos de Deus. E se somos filhos, somos também herdeiros: herdeiros de Deus e coerdeiros de Cristo (Rm 8,14-17).

Filhos de Deus. Livres filhos de Deus. Aos gálatas Paulo recorda que Jesus nos libertou do pecado para que ficássemos livres. Livres do medo e da angústia da morte, antes que onerados pela lei mosaica pelos muitos preceitos humanos.

Mas essa liberdade não é libertinagem; pelo contrário, é um serviço de amor. Portanto, libertos para amar.

Em sintonia com o ensinamento de Jesus e da Sagrada Escritura, Paulo sublinha que toda a lei nova encontra sua plenitude num só preceito: "Amarás o teu próximo como a ti mesmo" (Rm 13,9; Gl 5,14).

A lei do amor é a lei de quem é guiado pelo Espírito, cujo fruto é exatamente amor e alegria, paz e paciência, benevolência, bondade, fidelidade, mansidão e domínio de si mesmo. E se contrapõe à lei da carne, cujas obras são o oposto: impudicícia, bruxaria, inimizades, discórdia, ciúmes, inveja etc. (Gl 5).

Paulo recomenda aos gálatas deixarem-se guiar pelo Espírito, e os chama com a ternura de uma mãe: "Filhos meus, que de novo eu dou à luz na dor, até que Cristo seja formado em vós! Quereria estar perto de vós, e estar ao vosso lado neste momento e mudar o tom da minha voz" (Gl 4,19-20).

De Trôade a Filipos

Da Galácia, Paulo, Silvano e Timóteo descem a Trôade, uma cidadezinha cujo porto dá de frente para o mar Egeu, distante apenas uns quarenta quilômetros da gloriosa cidade de Troia, cujo fim trágico é cantado por Homero na sua Ilíada.

De frente para Trôade estão a Macedônia e a Grécia. Portanto, é a Europa.

Em Trôade encontramos Lucas, um médico convertido do paganismo. Talvez na qualidade de médico, Lucas se tenha ocupado de Paulo, ainda debilitado e necessitado de cuidados.

Como Paulo, Lucas também fez de Jesus Cristo o centro de sua existência, e, para divulgar o seu conhecimento, escreverá em breve o terceiro Evangelho, chamado, exatamente, segundo Lucas. E depois escreveu também os Atos dos Apóstolos.

No livro dos Atos, ele narra a história dos inícios da Igreja, na qual Paulo emerge como figura de primeiríssimo plano. Entre Lucas e Paulo instauram-se de imediato um entendimento cordial intenso e uma amizade sincera, tanto assim que Lucas se une ao grupo e partilha com ele vários momentos das vicissitudes de Paulo.

Certa noite, em Trôade, Paulo tem uma visão: vê um macedônio que suplica: "Venha até nós e ajuda-nos!". Tanto Paulo como seus companheiros interpretam a visão como um chamado explícito de Deus, e sem delongas decidem ir até a Macedônia.

Lucas, que agora integra a expedição, narra: "Tendo zarpado de Trôade, içamos vela diretamente para a Samotrácia, e, no dia seguinte, nos dirigimos para Neápolis e dali para Filipos, colônia romana e cidade do primeiro distrito da Macedônia".

Macedônia foi a pátria de Alexandre Magno, o grande conquistador do vastíssimo Império da Grécia. Apesar do enfraquecimento e fracionamento do Império grego, a Macedônia conserva ainda notável prestígio. Que ajuda se poderá dar àquela terra, senão o Evangelho de Jesus Cristo, que constitui o sonho de amor do Pai?

Em Filipos, a evangelização começa com um grupo de mulheres reunidas para a oração. Os missionários encontram-nas fora da porta da cidade. Depois de ter tomado lugar entre elas, anunciam-lhes Jesus, o Salvador.

Dirigir-se às mulheres é totalmente contrário ao uso dos judeus, mas para Paulo e seus companheiros não constitui problema. Ademais, aquelas mulheres demonstram logo grande atenção e interesse pelo Evangelho.

Entre elas encontra-se Lídia, personagem rica de destaque no comércio de púrpura. Lídia é uma pessoa decidida. Envolvida pelo anúncio do Evangelho e pela proposta de vida cristã, ela se faz instruir e batizar juntamente com seus familiares e seus dependentes. E põe a casa à disposição daqueles que, tal como ela, estão interessados em ouvir e aderir a Cristo. Ela pede com insistência aos missionários que aceitem a hospitalidade que lhes oferece.

"Se me julgais fiel ao Senhor, vinde ficar em minha casa", ela diz. E Lucas afirma, de forma lapidar: "Constrangeu-nos a aceitar".

O fato é relevante, se considerarmos que nenhum judeu aceitaria morar junto a um pagão, tanto menos junto a uma mulher. Mas Paulo não tem preconceitos. Alquebrado pelas fadigas e habituado a prover as suas necessidades essenciais com o seu próprio trabalho, aceita a hospitalidade de Lídia, que permite a ele e aos seus colaboradores uma pausa para respiro.

Livres das preocupações por alimento e alojamento, e num ambiente de cordial fraternidade, dedicam-se plenamente à oração e ao anúncio de Jesus; e vivem dias intensos de apostolado.

Na prisão de Filipos

Mas quem criou problemas foi uma jovem escrava que, sendo adivinha, constituía para os seus patrões uma fonte de rendas. Todo dia, ao encontrar Paulo e Silvano, ela repetia: "Estes homens são servos do Deus altíssimo e vos anunciam a salvação".

Tais palavras correspondem à verdade, mas, não provindo de Deus, criam antes distrações do que adesão à mensagem. Por isso, Paulo intima o espírito de adivinhação que possuía a escrava: "Em nome de Jesus Cristo, eu te ordeno que a deixes!".

A moça ficou libertada. Mas os patrões perderam uma vultosa fonte de ganho. E então desencadearam uma cadeia de confusão.

Juntamente com outros farsantes, pegaram Paulo e Silvano e os arrastaram para a praça pública diante dos magistrados e, para conseguir que fossem condenados, inventaram motivos de acusação: "Estes homens lançam desordens na nossa cidade. São judeus e pregam que não é lícito aceitar e praticar nossos costumes romanos".

Não obstante a falsidade das acusações políticas, não foi preciso muito para passar das ofensas verbais à perseguição. Paulo e Silvano foram despojados de suas vestes e açoitados sem piedade, enquanto a multidão desocupada e, aos gritos, se divertia com o espetáculo maldoso. Muita gente se uniu aos insultos e aos golpes sem nem mesmo saber o porquê.

Lançados depois na prisão. Paulo e Silvano foram acorrentados ao cepo e confiados a uma guarda segura. A situação é dramática, e não se sabe como vai terminar. Talvez o pensamento de Jesus, homem das dores, acostumado a sofrer, sustenta a fé destes dois homens. E, no coração da noite, eles se põem a rezar e a cantar os louvores de Deus.

No cárcere, os prisioneiros diminuem as vozes até o silêncio. Todos estão maravilhados e se põem à escuta. Por volta da meia-noite, acontece um fato ainda mais surpreendente.

Quem o narra é Lucas:

De improviso, veio um terremoto tão forte, que abalou os fundamentos da prisão. Imediatamente se abriram todas as portas e caíram as cadeias das correntes de todos. O carcereiro despertou, e, ao ver as portas do cárcere abertas, puxou da espada para matar-se, julgando que os prisioneiros tivessem fugido. Mas Paulo gritou com força: "Não te faças mal algum. Estamos todos aqui".

Então o carcereiro pediu uma luz, precipitou-se dentro do cárcere e, tremendo, ajoelhou-se aos pés de Paulo e de Silvano. A seguir, conduziu-os para fora e lhes disse: "Senhores, que devo fazer para ser salvo?". Responderem: "Crê no Senhor Jesus e serás salvo, tu e toda a tua família". E proclamaram a Palavra do Senhor a ele e a todos os de sua casa.

O carcereiro os tomou àquela hora da noite, lavou--lhes os ferimentos e de imediato pediu o batismo, a ele e a todos os seus familiares. Depois os fez subir à sua casa, preparou-lhes a mesa e ficou repleto de alegria juntamente com todos os seus, por terem acreditado em Deus.

Quando amanheceu, os magistrados enviaram os guardas para dizer-lhes: "Ponham esses homens em liberdade". O carcereiro transmitiu a Paulo essa mensagem.

"Os magistrados deram ordens para deixar-vos ir em paz." Mas Paulo disse aos guardas: "Quem açoitou em público e sem processo algum a nós, que somos cidadãos romanos, e nos lançou na prisão, e agora nos quer mandar sair às escondidas? Não! Que venham eles em pessoa conduzir-nos para fora".
Os guardas referiram aos magistrados essas palavras. Ao ouvirem que se tratava de cidadãos romanos, eles ficaram aturdidos (At 16,26-39).

E tinham motivo de sobra para ficarem espantados. Sabiam muito bem que a um cidadão romano, mesmo se considerado malfeitor, açoitá-lo constituía um delito. Matá-lo seria como que um parricídio. E eles não tinham nem mesmo prestado atenção nos dois acusados, quando estes tinham procurado falar-lhes. De resto, aos gritos na praça se acrescentavam outras vozes.

Agora, Paulo e Silvano foram solicitados a ir embora, fizeram-se ouvir, se bem que julgassem que, por enquanto, era melhor partir de Filipos.

Eu vos levo no coração

Antes de partir vão até a casa de Lídia, a discípula fidelíssima que, além de tê-los hospedado, se colocou à disposição da nova comunidade de crentes. Na sua casa, que se tornara uma igreja doméstica – a primeira igreja fundada por Paulo na Europa –, reuniu os fiéis convertidos a Jesus. Paulo e Silvano encorajaram todos a perseverarem na fé, não obstante as perseguições.

Separar-se dessa jovem igreja tão prometedora causa certamente dor, tanto mais que ela está já bem progredida; mas necessita ser sustentada e reforçada na fé. Mas eles confiam no Espírito Santo e têm esperança de voltar em tempos melhores.

Em Filipos eles deixam Timóteo, que mais facilmente escapa das malhas dos perseguidores. E, além do mais, há Lídia e o irmão Epafrodito, com os quais se pode contar.

Entretanto, apesar desse propósito, passam-se diversos anos antes que Paulo possa retornar aos filipenses; mas estes ocuparão sempre um lugar especial no seu coração. Deles, e somente deles é que Paulo aceitará ajuda para o sustento próprio e do apostolado.

De fato, cerca de doze anos mais tarde, quando se encontrava prisioneiro em Roma, escrevendo a eles, Paulo dirá: "Nenhuma igreja se importou em me ajudar, senão vós. E também de Tessalônica me enviaram por duas vezes o necessário...!".

Dando depois livre desafogo a seus sentimentos, dirá, entre outras coisas:

> Rendo graças ao meu Deus todas as vezes que me lembro de vós. Sempre que rezo por todos vós, eu o faço com alegria por causa da vossa colaboração com o Evangelho, desde o primeiro dia até o presente... É justo que eu tenha estes sentimentos por todos vós, porque vos levo no coração, seja quando estou prisioneiro, seja quando defendo e confirmo o Evangelho, do qual sois participantes pela graça. Deus me é testemunha do vivo desejo que nutro por todos vós no amor de Cristo Jesus. E por isso rezo para que a vossa caridade cresça sempre mais em conhecimento e em pleno discernimento, para que possais distinguir aquilo que é melhor e serem íntegros e irrepreensíveis para o dia de Cristo, plenificados daquele fruto de justiça que se obtém por meio de Cristo, para glória e louvor de Deus... Irmãos meus, caríssimos e tanto desejados, minha alegria e minha coroa, permanecei, desse modo, firmes no Senhor, caríssimos!

Em Tessalônica

Quando Paulo e Silvano deixam Filipos, eles não têm certamente boas condições físicas. As chicotadas e o cárcere lhes deixaram marcas no corpo. Acrescente-se a dor de ter que deixar a comunidade às pressas. Mas seguem adiante com a força do Espírito e a coragem que lhes advém da urgência de levar Cristo Salvador ao maior número possível de criaturas.

Eles caminham por dias e dias, atravessando cidades importantes, como Anfípolis e Apolônia, mas sem permanecer aí, pois não encontram sinagogas onde possam iniciar o anúncio do Evangelho. Permanecem, porém, em Tessalônica, que dista cerca de cento e cinquenta quilômetros de Filipos.

Tessalônica possui o porto mais importante da Macedônia, e os romanos a escolheram como capital da província. É uma cidade viva e cosmopolita, onde habita grande parte de judeus.

Paulo e Silvano começam a frequentar a sinagoga, coração da comunidade judaica, sempre um lugar privilegiado para evangelizar. Por três sábados seguidos, Paulo discute com os judeus baseando-se nas Escrituras, explicando-lhes e sustentando que Cristo deveria sofrer e ressuscitar dos mortos. E diz: "Cristo é aquele Jesus que eu vos anuncio".

Quem crê em Jesus é Jasão, que hospeda os missionários, e alguns outros judeus. Mas são, sobretudo, os tessalonicenses, entre os quais muitas mulheres da alta sociedade, que aceitam o Evangelho.

A consequência é dramática, como sempre. Porque o ciúme dos judeus, associado aos vagabundos e marginais da praça, põe a cidade em polvorosa, a fim de condenar os missionários.

Mas, como não encontrassem os missionários, prenderam Jasão e outros convertidos, a fim de condená-los. E, com esse objetivo, apresentam justificativas injustas, tal como tinha acontecido a Jesus, que fora acusado de querer fazer-se rei, e ameaçam Pilatos como sendo inimigo de César, caso não o condenasse.

Agora eles gritam: "Estes tais que põem o mundo em agitação, vieram também entre nós e Jasão os hospedou. Todos estes vão contra o decreto do imperador, porque afirmam que existe um outro rei, chamado Jesus".

Colocada nesses termos a acusação, eles infundem medo também na população que não quer complicações. E os magistrados compreendem a situação e chegam a um compromisso para libertar seja Jasão, seja os outros, e para isso impõem uma garantia e os libertam.

Paulo e Silvano, ao saber do ocorrido, e depois da experiência de Filipos, não acham oportuno expor-se a riscos inúteis. Por isso, durante a noite, os irmãos os acompanham na fuga, até Bereia.

Uma fuga de... criminosos

Novamente na estrada... em fuga. Paulo e Silvano sentem-se cansados e oprimidos. Tiveram de fugir quais criminosos, deixando a nova comunidade cristã ao sabor de uma população hostil. Mas se propõem retornar. Querem retornar. O quanto antes.

Sentem-se no dever de retornar também para desfazer os boatos e falsidades tão rapidamente espalhados ao redor pelos opositores. Estes, disseminando calúnias, querem fazê-los passar por charlatães, movidos pelo dinheiro e fugitivos, a fim de não serem pegos em falta.

Mas tendo em vista a impossibilidade de retornar um ano depois, Paulo, juntamente com Silvano e Timóteo, escreve aos tessalonicenses a primeira carta de Corinto.

Irmãos, privados por um pouco da vossa companhia, não de coração, mas só de vista, desejamos muito vos rever. Quisemos ir visitar-vos, mas Satanás nos impediu. Pois quem é, senão vós, a nossa esperança, a nossa alegria, a coroa de glória diante do Senhor Jesus no dia de sua vinda? Sim, vós sois a nossa glória e a nossa alegria... Por isso, não podendo mais suportar, resolvemos ficar sozinhos em Atenas, e enviamos Timóteo, nosso irmão e ministro de Deus na pregação do Evangelho de Cristo, para vos exortar e confirmar na fé, para que ninguém desfaleça nessas tribulações... Agora que Timóteo voltou, nos trouxe boas notícias da vossa fé, da vossa caridade e da lembrança que conservais sempre viva a nosso respeito, desejosos de rever-nos, assim como o somos a vosso respeito. Portanto, irmãos, em meio a todas as nossas necessidades e tribulações, nos sentimos consolados a vosso respeito, por motivo de vossa fé. Agora nos sentimos reviver, por permanecerdes firmes no Senhor. Como poderíamos agradecer a Deus por vós, pela alegria que nos destes diante do nosso Deus? Noite e dia rogamos com insistência poder rever-vos, para completarmos o que ainda falta à vossa fé (1Ts 2,17-18–3,1-13.6-8).

Aquele "nos sentimos consolados a vosso respeito por motivo de vossa fé" revela sua ânsia apostólica. Porque Paulo ama visceralmente os irmãos e lhes deseja o máximo bem, é a fé deles que faz Paulo reviver, fé entendida como adesão a Jesus, vida e salvação do crente. Eles são, portanto, encorajados a manterem-se vigilantes para evitar o pecado e viver como filhos da luz, à espera do Senhor.

Vede que ninguém retribua o mal com o mal; procurai sempre o bem uns dos outros e de todos. Alegrai-vos sempre, orai sem cessar. Por tudo dai graças, pois esta é a vontade de Deus a vosso respeito, em Cristo Jesus. Não extingais o Espírito, não desprezeis as profecias. Discerni tudo e ficai com o que é bom. Guardai-vos de toda espécie de mal (1Ts 5,15-21).

O duro trabalho, as muitas fadigas

Para fechar a boca de seus difamadores, nessa mesma carta Paulo recorda aos tessalonicenses a que preço e com que desinteresse pessoal ele agiu junto com seus companheiros.

Vós, irmãos, sabeis bem que a nossa presença entre vós não foi inútil. Depois de ter sofrido e recebido ultrajes em Filipos, como sabeis, temos encontrado em nosso Deus coragem para anunciar-vos o Evangelho de Deus, colocado entre vós em meio a muitas lutas. E o nosso convite à fé não nasceu de mentira nem de más intenções, nem mesmo de enganos, mas como Deus nos encontrou dignos de confiar-vos o Evangelho assim como vo-lo anunciamos, não buscando a complacência dos homens, mas de Deus, que prova os nossos corações. De fato, jamais usamos de palavras enganosas de adulação, como sabeis, nem temos tido intenção de cobiça: Deus nos é testemunha.

Nem temos procurado a glória humana da vossa parte nem de outros, embora podendo fazer valer a nossa autoridade de apóstolos de Cristo. Pelo contrário, fomos amáveis convosco, como mãe que cuida dos próprios filhos. Foi assim, afeiçoados a vós, que temos desejado transmitir-vos não somente o Evangelho de Deus, mas a nossa própria vida, tanto bem vos queremos. Vós vos lembrais, irmãos, do nosso duro trabalho e da nossa fadiga: trabalhamos dia e noite, a fim de não sermos de peso a ninguém de vós, para anunciar-vos o Evangelho de Deus.

Vós sois testemunhas, como Deus também o é, que o nosso comportamento entre vós, que acreditais, foi santo, justo e irrepreensível. Sabeis também, tal como faz um pai aos seus próprios filhos, que temos exortado cada um de vós, e vos encorajamos e suplicamos a comportar-vos de maneira digna de Deus, que vos chama ao seu reino e à sua glória (1Ts 2,1-13).

O chamado, a lembrança para aquilo de que eles são testemunhas e aquele repetir: vós sabeis, como sabeis, é o testemunho da vida vivida juntos, e indiscutivelmente confirma a autenticidade de tudo o que Paulo afirma.

O método de Paulo e o segredo de Deus

Ao referir-se ao duro trabalho e às fadigas diuturnas de Paulo em Tessalônica, Giuseppe Ricciotti imagina e faz esta descrição:

> Após ter passado grande parte do dia ao tear, ele se levantava com as mãos entorpecidas e os joelhos cansados, e vai instruir um grupo de catecúmenos que o esperava em alguma oficina; depois passava de casa em casa, onde uma família inteira o aguardava para ser instruída, pois queria preparar-se para o batismo. Mais tarde, atendia numa casa rica uma dama nobre, que queria interrogá-lo sobre alguns pontos da sua doutrina. Talvez tenha parado junto a um grupo de escravos que já haviam perguntado ansiosos se para eles também havia salvação.
>
> Voltando depois para casa, já noite fechada, encontra um velho judeu que o espera para discutir alguma passagem da Escritura; e ele terá atendido longamente esse homem, à luz de uma lâmpada, como já havia feito Jesus com Nicodemos...[4]

Adaptando-se às diversas situações dos diferentes lugares, pode-se ter essa descrição como bastante pertinente com os empenhos e o método de evangelização de Paulo.

Deus manifesta sua presença com grandes milagres, como que a colocar o seu selo de autenticidade no anúncio

---

[4] Ibid., p. 347-348.

do Evangelho. Paulo acena para esse fato, ao dizer que o Evangelho se difundiu mediante a palavra e o poder do Espírito Santo. Não é difícil crer, se se pensa que Lucas, ao referir-se ao ministério de Paulo em Éfeso, diz textualmente: "Entretanto, pelas mãos de Paulo, Deus operava milagres não comuns. Bastava, por exemplo, que sobre os enfermos se aplicassem lenços e aventais que houvessem tocado seu corpo: afastavam-se deles as doenças e os espíritos malignos saíam" (At 19,11-12).

Mas os tessalonicenses contribuíram bastante para a difusão do Evangelho, tanto assim que Paulo chega a dizer, de forma um tanto metafórica, que eles, em meio a grandes provações, acolheram a Palavra com a alegria do Espírito Santo; e tinham-se tornado modelo para todos os crentes da Macedônia e da Acaia.

> Porque, partindo de vós, diz ele, a palavra do Senhor se propagou não somente na Macedônia e na Acaia, mas se propagou por toda parte a fé que tendes em Deus. Não é necessário falarmos disso, pois eles mesmos contam o acolhimento que da vossa parte tivemos, e como vos convertestes dos ídolos para Deus, a fim de servirdes ao Deus vivo e verdadeiro, e esperardes do céu a seu Filho, a quem ele ressuscitou dentre os mortos: Jesus, que nos livra da ira futura (1Ts 11,8-10).

Tendo partido de Tessalônica, após um percurso de uns setenta quilômetros, os fugitivos chegam à cidade de Bereia.

Embora seja um pouco fora de mão, Bereia é uma das cidades da Macedônia de notável importância. Está situada numa planície não longe do monte Olimpo.

Também aqui, como noutros lugares, Paulo e Silvano começam o seu ministério na sinagoga, onde encontram boa acolhida. Lucas diz que os judeus têm ânimo mais nobre que os de Tessalônica. Certamente são mais honestos.

De fato, eles se põem em atitude de busca e, durante alguns sábados, investigam as Escrituras, e reconhecem que elas concordam com o anúncio do Evangelho. Também os gregos se interessam pelo Evangelho, ao qual aderem com entusiasmo.

Mas os judaizantes de Tessalônica vêm impedir esse encanto. Informados da presença dos missionários em Bereia, eles chegam cheios de fúria e conseguem agitar a cidade.

Entristecido pela perseguição dos judeus, Paulo é constrangido a fugir também da Bereia. Na cidade permanecem provisoriamente Silvano e Timóteo, enquanto que ele é acompanhado até Atenas, pelos irmãos crentes.

Atenas, cidade culta e soberba

Atenas é a capital da Grécia. Embora não seja mais a gloriosa cidade de séculos passados, permanece sempre uma cidade especial. Em todo o Império romano, ela goza da fama de cidade insuperável por sua beleza e cultura. Frequentam-na muitos filósofos e cientistas. Cícero a exalta como centro de altos valores religiosos e civis. E a declara tão bela, que se tornou moradia dos deuses.

Em Atenas, Paulo se sente sozinho e privado de todos os meios. Recomenda aos seus acompanhantes que voltem o quanto antes, juntamente com Silvano e Timóteo.

A estupenda cidade é admirada em toda parte, mas não suscita o entusiasmo de Paulo. Pelo contrário! Ele sente-se indignado ao ver tantas construções e monumentos dedicados aos deuses. Entretanto, para evitar o ciúme e a ira de qualquer divindade desconhecida, os cidadãos ergueram um altar em honra dos deuses desconhecidos.

Mas Deus, o verdadeiro Deus, o Deus vivo, o Pai que Jesus revelara, o Deus cujo sonho é o de doar-se a todos e dar a cada um o gosto e o sentido da existência, esse não tem lugar em Atenas. E Jesus? Quem o conhece?

É preciso que também os atenienses sejam evangelizados. Eles têm o direito de conhecer a bela notícia de Jesus, de saber que os muitos ídolos de prata e de ouro são totalmente sem significado, porque têm boca e não falam, têm olhos e não veem, têm pés e não caminham, têm boca e não respiram; e que não passam de uma vaidade total. Exatamente como canta o Sl 115.

Mais do que da vaidade dos ídolos, é do Deus de Jesus que Paulo quer falar. Na sinagoga, antes de tudo, mas também no ágora, a grande praça de mercado, onde muita gente circula e onde há pessoas que falam e pessoas que escutam.

Paulo se dispõe a falar a quantos o queiram ouvir. Gente comum, mas também filósofos, estoicos e epicureus com os quais ele dialoga, e suscita uma verdadeira curiosidade, porque seu discurso é fora do comum. Os filósofos, com um ar divertido e um diminuto interesse, se perguntam: "Mas o que quer dizer esse charlatão?". Outros dizem: "Parece que quer anunciar uma divindade estrangeira".

Lucas tem um discurso pouco lisonjeiro acerca dos atenienses e dos estrangeiros que residem na cidade. Diz que o passatempo mais agradável para eles é falar e ouvir sobre as últimas novidades, pondo-se a par de tudo. E dado que Paulo parece que vai dizer coisas novas, eles o interpelam: "Podes dizer-nos qual é a doutrina que anuncias? Tu nos pões nos ouvidos coisas estranhas e nós desejamos saber do que se trata".

Ansioso por partilhar os tesouros de que ele é portador e que corresponde, em última análise, ao sonho de Deus e às mesmas aspirações humanas, Paulo sente-se feliz em poder contentá-los. O lugar mais apropriado para falar é o Areópago. É exatamente para lá que eles o conduzem.

Aquele que adorais sem conhecer...

De pé, no meio do Areópago, ele começa a falar, ficando no mesmo nível que seus ouvintes. O discurso que Lucas relata é uma pequena obra de arte oratória.

Atenienses, vejo que em tudo sois muito religiosos. De fato, passando e observando os vossos monumentos, encontrei um altar com a inscrição: "Ao deus desconhecido". Pois bem, é este a quem adorais sem conhecer que eu vos anuncio. O Deus que fez o mundo e tudo o que ele contém, que é o Senhor do céu e da terra, não habita em templos construídos por homens nem por mãos humanas e que não se deixa servir, como se tivesse necessidade de qualquer coisa: é ele que dá a todos a vida e o respiro a cada coisa.

Ele criou de um só todas as nações de homens, para que habitassem em toda a face da terra. Para eles, estabeleceu a ordem dos tempos e os confins do espaço, para que busquem a Deus, como que às apalpadelas, para que cheguem a encontrá-lo, se bem que ele não esteja longe de nós. De fato, nele vivemos, nos movemos e somos, como disseram alguns dentre os vossos poetas: "Porque somos todos da sua mesma estirpe". Porque somos também da sua raça.

Ora, se nós somos de raça divina, não podemos pensar que a divindade seja semelhante ao ouro, à prata ou à pedra, a uma escultura de arte e engenho humanos. Por isso, não levando em conta os tempos da ignorância, Deus agora ordena aos homens que todos, em toda parte, se arrependam, porque ele fixou um dia no qual julgará o mundo com justiça, por meio do homem a quem designou, dando-lhe crédito diante de todos, ao ressuscitá-lo dentre os mortos (At 17,22-31).

Ressuscitar da morte?

Paulo falou com clareza sobre a ressurreição da morte. Ele o faz sem preconceito. Em toda parte. A todos anuncia que Jesus foi morto e ressuscitou. E, por consequência, também nós ressuscitaremos da morte e estaremos vivos para sempre. Como Jesus. Com Jesus. A ressurreição é um acontecimento seguro e fundamental para a vida do homem.

Paulo chega a dizer que se Cristo não tivesse ressuscitado, nem nós poderíamos ressuscitar, e, se não houvesse a ressurreição dos mortos, a nossa fé seria vã, e que nós seríamos os mais infelizes dos homens.

Quase dois mil anos depois de Paulo, Bento XVI, falando da alegria da Igreja por causa da boa notícia do triunfo de Cristo sobre o pecado e a morte, afirma:

> Em toda a história do mundo,
> esta é a boa notícia por excelência,
> o Evangelho anunciado e transmitido nos séculos,
> de geração em geração.
> A Páscoa de Cristo é ato supremo e insuperável
> do poder de Deus.
> É um evento absolutamente extraordinário,
> o fruto mais belo e maduro do mistério de Deus.
> É tão extraordinário, que resulta inenarrável
> naquelas dimensões que fogem à nossa capacidade,
> de conhecimento e de pesquisa.
>
> Todavia, esse é também um fato histórico, real,
> testemunhado e documentado.
> É o acontecimento que fundamenta toda a nossa fé.
> É o conteúdo central no qual acreditamos.

Bonito demais para ser verdadeiro

Todos os homens, talvez em nível inconsciente, na profundidade do coração, têm o desejo de uma vida íntegra, incorruptível, sem fim, na alegria e no perfeito amor, absoluto. Talvez isso tenha parecido aos atenienses bonito demais para ser verdade?! Foi exatamente assim! E as pessoas que gostam da racionalidade não se deixam enganar com tais miragens. Por isso, apenas ouvem falar da ressurreição dos mortos, têm uma reação imediata de rejeição.

Quando é que alguém que morre pode ressuscitar vivo?

No Areópago, alguns riem-se de Paulo e outros, com ares de suficiência, o despedem, dizendo: "Sobre este assunto nós o ouviremos num outro dia".

Não pedem explicações. Não têm nada a saber de alguém como Paulo, que talvez esteja fora de si, seja um sonhador ou, quem sabe, um falsário. Não aceitam acreditar naquilo que, superando toda imaginação, seja possível para Deus. Não conseguem acreditar que esse seja talvez o seu sonho. Válido para todos, também para eles.

Somente alguns, como Dionísio, membro do Areópago, e uma mulher de nome Damaris, têm coragem de crer. Entretanto, o número de crentes é muito pequeno para fundar, também em Atenas, uma verdadeira comunidade cristã.

Assim, enquanto o Evangelho se divulga, sendo acolhido em todo o Império romano, não obstante as perseguições, Atenas fica à margem por decênios de anos.

Infelizmente, a atitude dos atenienses não é de modo algum insólito. Também hoje, se pensarmos bem, continua sendo assim.

Numa entrevista ao *Panorama*, Luc Ferry, notável filósofo francês, declara exatamente assim:

> Acho que aquilo que a religião nos propõe é belo demais para ser verdade. O que queremos no mais profundo do nosso ser? Que a morte não nos separe daqueles que amamos. Tudo aquilo que a fé cristã pretende oferecer-nos. O fato de que sua mensagem corresponda bem àquilo que no meu íntimo desejo ouvir, parece-me suspeito. Temo que a fé não seja outra coisa senão uma magnífica construção humana.

Os olhos que não veem

A permanência de Paulo em Atenas é relativamente breve. Ainda que ninguém o tenha posto em fuga, ele deixa a cidade com amargura no coração, porque os atenienses permanecem impermeáveis ao dom do Evangelho. Ao dom daquilo que mais corresponde ao sonho de Deus.

Quão diferente é o comportamento dos pequenos do Evangelho, por cuja adesão confiante Jesus tenha exclamado com alegria: "Eu te bendigo, Pai, Senhor do céu e da terra, porque escondeste essas coisas aos sábios e aos inteligentes, e as revelaste aos pequeninos!" (Mt 11,25).

Paulo sabe que Deus não esconde de ninguém o conhecimento dele e do seu mistério. Mas, com muita frequência, aqueles que, dotados das melhores capacidades intelectuais e culturais, teriam melhores oportunidades de compreender, enchem-se de orgulho, tornam-se cegos e impedem a si mesmos de compreender.

Talvez lembrando a experiência de Atenas, alguns anos mais tarde, Paulo dirá:

> Está escrito: "Destruirei a sabedoria dos sábios e anularei a inteligência dos inteligentes". Onde está o sábio? Onde está o homem culto? Onde está o argumentador deste século? Deus não tornou louca a sabedoria deste século? Com efeito, visto que o mundo, por meio da sabedoria não reconheceu a Deus na sua sabedoria, aprouve a Deus pela loucura da pregação salvar aqueles que creem. Os judeus pedem sinais, e os gregos andam em busca de sabedoria; nós, porém, anunciamos Cristo crucificado, que para os judeus é escândalo, para os gentios é loucura, mas para aqueles que são chamados, tanto judeus como gregos, Cristo é poder de Deus e sabedoria de Deus. Pois o que é loucura de Deus, é mais sábio do que os homens, e o que é fraqueza de Deus, é mais forte do que os homens... O que é loucura no mundo, Deus o escolheu para confundir os sábios, e o que é fraqueza no mundo, Deus o escolheu para confundir o que é forte. E aquilo que no mundo é vil e desprezado, aquilo que não é, Deus escolheu para reduzir a nada aquilo que é, a fim de que nenhuma criatura possa vangloriar-se diante de Deus. Ora, é por ele que vós sois em Cristo Jesus, que se tornou para nós sabedoria proveniente de Deus, justiça, santificação e redenção, a fim de que, como diz a Escritura, aquele que se gloria, glorie-se no Senhor (1Cor 1,19-31).

Paulo em Corinto

Corinto, cidade cosmopolita, fica ao sul de Atenas. Cidade bela e rica, que Roma escolheu como centro da província da Grécia e residência do procônsul romano. Graças à sua posição no mar, dispõe de dois importantes portos que a mantêm ligada ao Oriente pelo lado leste e ao Ocidente, pelo lado oeste.

É famosa pelos jogos ístmicos que reúnem toda a Grécia e os melhores atletas e poetas, que disputam a vitória. Mas é mais famosa pelos costumes fáceis dos seus habitantes e daqueles que a frequentam. A prática da prostituição sagrada merece-lhe a fama de cidade corrupta, a ponto de se dizer que, se uma moça é de Corinto, significa que é uma prostituta.

Em Corinto Paulo chega pelo fim do ano 50. Também em Corinto, como em Atenas, ele está sozinho, à espera de Silvano e Timóteo que vêm da Macedônia. Sozinho e sem meios, além de sofrer fome e frio, suporta a penosa experiência vivida em Atenas.

Na carta que de Éfeso ele escreveu aos coríntios alguns anos depois, deixa intuir o estado de ânimo a que havia chegado naquela cidade, e o estilo que ele tinha abandonado para anunciar Jesus.

Quando fui ter convosco, irmãos, não me apresentei com o prestígio da palavra ou da sabedoria para anunciar o mistério de Deus. Pois não quis saber outra coisa entre vós a não ser Jesus Cristo, e Jesus Cristo crucificado. Estive entre vós cheio de fraqueza, receio e tremor. Minha palavra e minha pregação nada tinham da persuasiva linguagem da sabedoria, mas eram uma demonstração do Espírito e poder, a fim de que a vossa fé não fosse fundada na sabedoria humana, mas no poder de Deus (1Cor 2,1-5).

"Não temas. Continua a falar"

Em Corinto, Paulo começa o apostolado na sinagoga, onde procura anunciar o Evangelho, discutindo com os judeus com base na Escritura.

Ali se dá o providencial encontro com Áquila e Priscila, um casal proveniente de Roma, de onde o imperador Cláudio havia expulsado todos os judeus.

Estabeleceu-se de imediato entre eles e Paulo uma grande amizade e intensa colaboração. Esse casal hospeda Paulo em sua casa, e ele, por sua vez, oferece-lhes ajuda no trabalho, como fabricante de tendas.

Quando finalmente chegam Silvano e Timóteo, junto com eles e graças às ofertas vindas da Macedônia, Paulo pode dedicar-se totalmente à Palavra de Deus.

Além do mais, sente-se muito consolado pelas boas notícias que esses seus companheiros lhe trazem da igreja da Macedônia, e, em particular, tudo o que Timóteo lhe refere sobre a igreja de Tessalônica. A sua alegria é aquela do pai que revive diante das boas notícias dos filhos.

Mas os judeus de Corinto criam problemas, como sempre, opondo-se ao Evangelho com venenosas injúrias contra eles. Irritam-se, sobretudo, porque o próprio

Crispo, chefe da sinagoga, adere ao Evangelho juntamente com toda a sua família.

Cansado de tanta hostilidade, Paulo decide: "De agora em diante irei aos pagãos". Mas o diz com muito sofrimento, e não mantém isso rigorosamente. Pois ele queria que seus conterrâneos fossem os primeiros a acreditar em Jesus e a aderir aos sonhos infinitos do Pai. Chega até mesmo a dizer que estaria disposto a ser separado de Cristo, contanto que eles abrissem o próprio coração a Jesus. Mas certamente não queria violentar a liberdade deles.

Mas quanto custa o serviço de anunciar Jesus! Quereria encontrar corações que se abrissem com alegria para um dom inesperado. Ao invés... Em certos momentos, Paulo sente-se oprimido e não sabe como dizer, como fazer; talvez pense em Jesus que, humanamente, mais que qualquer outro, com a morte infamante sobre a cruz, selou uma vida votada ao fracasso. Mas não é assim. Porque Jesus ressuscitou da morte. Porque Jesus está vivo. Ele está perto. Paulo crê para além das aparências. Para além de toda forma de dúvida e desencorajamento que poderia insinuar-se no seu coração.

Jesus mesmo o conforta. Uma noite ele lhe aparece numa visão e lhe diz: "Não tenhas medo, continua a falar e não te cales, porque eu estou contigo e ninguém poderá fazer-te mal. Nesta cidade eu tenho um povo numeroso" (At 18,9-10).

Esse fato lhe dará segurança, tanto assim que ele prosseguirá ainda por quase dois anos (de 50 a 52) a sua permanência em Corinto. Jesus confirma realmente, mediante os fatos, que ele tinha ali um povo numeroso.

Evangelização intensa e múltipla

A longa permanência de Paulo em Corinto favorece uma intensa e profunda obra de evangelização, seja na cidade, seja nos lugares limítrofes. Contudo, seu amor apaixonado por Jesus o faz abarcar com a alma o mundo aonde não chegou ainda o Evangelho. De modo particular, ele pensa nas igrejas fundadas na Ásia e na Macedônia.

Ele envia com frequência colaboradores para visitar e trazer notícias dessas igrejas, para que sejam encorajadas, iluminadas e sustentadas no seu caminho de fé.

Paulo é um pai solícito e amoroso. E, quando percebe necessidades especiais, escreve cartas muito importantes, que continuam a falar eficazmente às pessoas de todos tempos.

A primeira carta, ele a escreve exatamente de Corinto, por volta dos anos 50. É aquela carta escrita depois que Timóteo havia trazido notícias encorajadoras, mas também assinalado alguns problemas a serem corrigidos.

Essa carta constitui o primeiro documento redigido do Novo Testamento, antes mesmo dos próprios Evangelhos e dos outros escritos.

Escrever naquele tempo não era coisa fácil, como seria na época digital. Requeria muito tempo e não pouco cansaço.

Giuseppe Ricciotti imagina que Paulo, após o cansaço do dia, põe-se de noite a escrever aos tessalonicenses. O que ele diz nessa carta vale também para as demais cartas, especialmente aquelas mais longas e empenhativas, como a Carta aos Romanos e a Primeira Carta aos Coríntios.

Para essa carta aos coríntios, terá sido empregada uma dezena de folhas de papiro e lhe terão sido necessárias mais de vinte horas de escrita, se ele escrevesse umas duas horas cada noite.

Eis Paulo, que pensa nas frases a serem ditadas ao amanuense. Este

sentado por terra num cantinho, tinha sobre os joelhos uma tabuinha de escrever e à luz de uma lâmpada escrevia pacientemente sobre o papiro as frases, à medida que Paulo as pronunciava.

Aguçando o olhar naquela débil luz de uma luzerna, reconhecemos nos amanuenses um dos dois companheiros de Paulo, Timóteo ou Silas (Silvano), dado que os dois são nomeados no início da carta. É provável que, para aliviar o enorme esforço deste trabalho, os dois se alternassem.[5]

Entretanto, em Corinto e em toda a província continuava a crescer e a organizar-se o número de crentes, entre

---

[5] Ibid., p. 375-376.

os quais personalidades de relevo. E muitos se tornavam particularmente úteis para a expansão do Evangelho.

Paulo é denunciado ao procônsul Galeão

Os judeus não suportam que alguns dentre eles, e muitos dos primeiros simpatizantes, os abandonem. E acabam por arrastar Paulo ao tribunal. Foi denunciado ao procônsul Galeão, sob a acusação: "Este homem persuade as pessoas a cultuarem a Deus, de modo contrário à Lei".

Antes ainda que Paulo tomasse a defesa, é Galeão quem fala. Ele é irmão de Sêneca, o sábio filósofo que tem grande consideração por ele. Iludindo a malícia dos acusadores, Galeão não toma uma defesa direta, e responde: "Se se tratasse de um delito ou de um crime, eu vos daria atenção, como seria justo, ó judeus. Mas, em se tratando de questões de palavras ou de nomes de vossa lei, julgai vós: eu não quero ser juiz nestas coisas".

E, sem mais, os faz desistir.

Então a multidão, não sabendo a quem agredir, pega Sóstenes, o novo chefe da sinagoga, e se põe a espancá-lo. E o procônsul Galeão não se importa com isso. Sua atitude de imparcialidade vai, indiretamente, a favor de Paulo e dos que acreditam em Jesus, que podem sentir-se livres para professar a própria fé.

Entretanto, Paulo não fica mais tempo em Corinto. A comunidade cristã já conquistou uma discreta maturidade e autonomia, e em vários lugares se constituíram igrejas locais, com responsáveis que lhes dão boas garantias.

Portanto, ele se despede de Corinto para retornar a Antioquia.

Talvez em Corinto ainda estejam Silvano e Timóteo, ao passo que Áquila e Priscila embarcam com ele para Éfeso, no porto de Cencre. Ali o casal se estabelece, ao passo que Paulo espera pelo navio, a fim de prosseguir viagem. Nesse ínterim, aproveitando essa parada, ele encontra judeus da sinagoga, os quais demonstram interesse, a ponto de pedir-lhe que fique mais tempo aí. Mas Paulo promete-lhes: "Voltarei novamente a vós, se Deus o permitir".

A Antioquia, passando por Jerusalém

O navio em que Paulo embarca em Éfeso faz escala em Cesareia Marítima. Daqui ele pretende prosseguir até a cidade santa e amada, que está no seu coração, como o coração de todo bom israelita; e agora, também no coração de todo aquele que crê em Jesus: Jerusalém.

Aqui Paulo permanece pouco tempo; saúda os irmãos com os quais se entretém para alguma troca de experiências e de recíprocas informações. Depois chega em Antioquia.

Habituado a experiências de grandes proporções, encontra em Jerusalém um mal-estar, devido a um cristianismo ainda envolvido com questões judaicas.

Com seu retorno a Antioquia, conclui a segunda viagem missionária, que o empenhou por cerca do final do ano 49 até o início do ano 53.

CAPÍTULO 5

A TERCEIRA VIAGEM

É preciso partir de novo

A permanência de Paulo em Antioquia é breve. Ele tem sempre na mente e no coração a ânsia de anunciar Jesus e seu Evangelho, aos povos que ainda não os conhecem.

Com todas as fibras do seu ser, ele deseja que Jesus seja conhecido, amado e acolhido por todos. E que todos conheçam e acolham o Pai, que, no seu imensurável amor, enviou ao mundo seu Filho dileto "não para julgar o mundo, mas para salvá-lo".

Essas certezas que alimentam o coração de Paulo são como chamas que se alteiam e se dilatam num crescendo contínuo. Ainda que seu físico esteja já um tanto consumido e necessitado de repouso e cuidados, ele não se concede descanso. Sente-se impulsionado pela urgência de ir adiante, sempre e de qualquer forma, a fim de que se cumpra o desígnio do Pai: fazer de Cristo o coração do mundo.

É primavera do ano 53, quando Paulo se põe a caminho para a terceira grande viagem missionária. Talvez Silvano, com o qual ele condividiu a missão anterior, tenha ido para Jerusalém. Agora Paulo está acompanhado por Tito, um jovem antioquino batizado por Paulo, a quem chama de "meu verdadeiro filho na mesma fé". Junto com Timóteo, Tito é um dos seus principais colaboradores queridíssimos.

Como no início da segunda viagem, Paulo e Tito alcançam e ultrapassam as portas da Cilícia, com todos os riscos e cansaços já experimentados com Silvano. Depois, ao invés de irem às comunidades de Derbe, Listra, Icônio e Antioquia, eles sobem para o norte e chegam às populações da Galácia, junto às quais, na viagem anterior, Paulo fora acometido pela doença que o havia obrigado a receber cuidados e conforto, e onde, com Silvano e Timóteo, tinha levado o primeiro anúncio do Evangelho de Jesus.

Agora ele julga importante retornar, a fim de realizar uma mais profunda evangelização, confirmar na fé e encorajar todos a perseverarem na graça do Espírito.

Paulo é um verdadeiro pai, que leva no coração as alegrias, as necessidades e as preocupações de todos os seus filhos. Por quanto lhe é possível, mantém aberto o diálogo com cada um deles. A Carta aos Gálatas, como todas as demais, é um claro testemunho de seus sentimentos paternos.

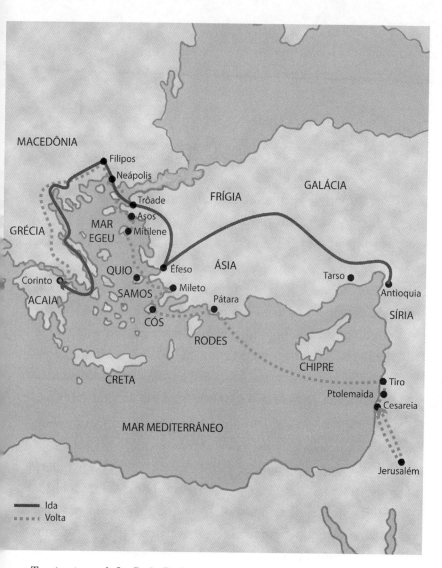

Terceira viagem de São Paulo. Paulo partiu novamente para animar os discípulos e se estabeleceu em Éfeso. Foi para Trôade e de lá para a Macedônia, depois para Acaia.

Na Galácia, Paulo e Tito permanecem durante três meses. Depois partem e, atravessando a Frígia, entram decididamente em Éfeso.

Éfeso, a grande cidade

Éfeso é uma cidade de muita vida, cosmopolita e rica. É a maior e mais importante cidade de toda a Ásia menor (atual Turquia). Naturalmente, foi escolhida como sede do procônsul romano. Seus edifícios de estilo grego e romano contribuíram para torná-la belíssima e refinada.

Através de seu porto, mantém excelente ligação e troca comercial com a Grécia, a Macedônia e a Itália. Aqui afluem pessoas e mercadorias de todo tipo. Possui também ótima ligação por via terrestre com numerosas cidades da Ásia, da Bitínia, da Galácia e com outros centros mais distantes. Uma ótima sinalização de estradas serve para indicar as cidades e suas relativas distâncias.

Éfeso é também cidade de grande fama religiosa, pois é a pátria da deusa Ártemis. Segundo a lenda, essa deusa teria vindo do céu, na cidade que ela escolhera de antemão como sua sede. Para honrá-la, os efésios edificaram um templo que é considerado uma das sete maravilhas do mundo. De notável prestígio, possui um teatro com capacidade para 24 mil lugares.

Referindo-se a Éfeso, Élio Aristide dizia:

Penso que todos os que habitam entre o estreito de Gibraltar e as últimas margens do Mar Negro tinham muita razão em considerar-se habitantes de Éfeso, tanto pelos seus portos de fácil acesso como pela cidade acolhedora. De fato, todos sc sentem como em casa própria, e ninguém pode ser de mente tão curta que não se dê conta claramente que Éfeso é a tesoureira-geral da Ásia e refúgio de todos, em caso de necessidade. Tem capacidade de oferecer, por toda parte, o quanto uma cidade deva oferecer em termos de subsistência e tudo o mais que os homens possam desejar para viver.[1]

Para anunciar o Evangelho, Paulo – que tem sempre o olhar voltado para as grandes cidades – não teria podido certamente ignorá-la. A estratégia que o leva a essa escolha é compreensível: além de ser mais fácil atingir um número maior de pessoas, as cidades tornam-se um centro de irradiação do pensamento, porque a ela convergem e dela partem as grandes ideias que depois se espalham por toda parte.

Paulo em Éfeso

Esperam-no em Éfeso os dois grandes amigos: Áquila e Priscila. Com esse casal, ele tinha trabalhado em Corinto; haviam já trabalhado juntos e partilhado a paixão pelo Evangelho. Tal como em Corinto, agora em Éfeso continuarão a hospedar Paulo e a aceitar sua colaboração na fabricação de tendas, dado que Paulo quer prover, ele próprio, o seu sustento.

Entretanto, Paulo era esperado também pelos seus conterrâneos, aos quais ele havia prometido voltar para,

---

[1] Publio Elio Aristide, escritor e retórico grego do século II d.C. (117-180).

juntos, perscrutar as Escrituras e verificar tudo o que se referia a Jesus Cristo.

Eles mesmos, durante a parada precedente à espera do navio, o tinham solicitado a retomar o fio do discurso já iniciado. Poder compartilhar com seus compatriotas o Evangelho de Jesus é motivo de imensa alegria para Paulo.

Ele percebeu, pelo interesse e disponibilidade que eles haviam demonstrado ao menos durante as discussões livres que tinham tido, uma sincera busca da verdade. Entretanto, a atitude de escuta e de busca dura pouco. Porque eles se tornam irredutíveis, obstinam-se em não crer, contestam Paulo com uma crescente e aberta hostilidade.

Dessa forma, após três meses de discussão, e para evitar que as coisas piorassem, Paulo deixa a sinagoga e aluga uma sala da escola de um certo Tirano. Ali, finalmente, ele pode falar livremente de Cristo Jesus e da bela notícia de amor e de salvação que ele traz para quem está disposto a recebê-la.

Por uns dois anos, na escola de Tirano, quase diariamente, das onze horas da manhã até a tarde, ele se ocupa com seus ouvintes. E as pessoas que frequentam a escola são sempre mais numerosas.

Muitos são da mesma cidade. Alguns já se encontravam antes na sinagoga. Mas a maior parte dos ouvintes é de novatos: muitos são cidadãos de Éfeso, porém, são mais numerosos os que vêm a Éfeso procedentes da província proconsular ou também de lugares mais distantes, motivados pelos assuntos os mais diversos.

Entre os ouvintes há um espontâneo passa-palavra que torna sempre mais frequentada e variada a assembleia.

Alguns vêm por curiosidade ou por algum interesse cultural ou religioso, e com frequência saem cristãos fervorosos, prontos para levar a palavra do Evangelho mais adiante.

Por isso, a comunidade cristã de Éfeso torna-se um pouco como a Igreja-mãe, que se estende a muitas cidades da província, graças ao zelo de cristãos mais fervorosos, entre os quais Epafras, de Colossos.

Apolo

Antes de Paulo, em Éfeso, havia um judeu de nome Apolo, um convertido proveniente da prestigiosa e culta cidade de Alexandria do Egito. Lucas o define como cultíssimo e versado no conhecimento das Escrituras.

Embora ele conhecesse apenas o batismo de penitência de João Batista, falava com entusiasmo e franqueza na sinagoga, ensinando o quanto se referia a Jesus. Priscila e Áquila, depois de o terem ouvido com interesse e atenção, tinham-no tomado consigo para expor-lhe com maior cuidado o caminho de Deus.

Depois, quando Apolo decidiu passar pela Grécia, tinham-no encorajado e escrito aos discípulos de Corinto para que o acolhessem bem e o sustentassem no seu serviço de evangelização.

Quando Paulo chegou a Éfeso, Apolo já estava em Corinto, onde desenvolvia um ótimo serviço junto aos que acreditavam em Jesus. E refutava vigorosamente os judeus, demonstrando-lhes, com as Escrituras, que Jesus é o Messias anunciado e esperado pelo povo.

Na cidade de Éfeso, Paulo encontra um grupo particular de crentes em Jesus. Talvez tivessem sido evangelizados por Apolo, porque, como ele, embora tivessem aderido a Jesus, haviam recebido apenas o batismo de João Batista.

À pergunta de Paulo: "Já recebestes o Espírito Santo quando abraçastes a fé?", eles deram uma resposta inesperada: "Não sabemos sequer que existe um Espírito Santo". "Qual batismo recebestes?" "O batismo de João".

Paulo então lhes explica que aquele era um batismo de conversão. E todos, então, se fizeram batizar no nome de Jesus. Depois, mediante a imposição das mãos do próprio Paulo, receberam o sacramento da Crisma; e cheios do Espírito Santo começaram de imediato a louvar a Deus e a dar testemunho do seu amor.

Uma porta grande

Desde o início, Paulo percebe, não obstante as costumeiras dificuldades, que Éfeso é um importantíssimo campo de evangelização.

"Abriu-se-me uma grande e propícia porta", escreve ele. Mas acrescenta logo que os adversários são numerosos. Lucas diz que na escola de Tirano todos os habitantes da província da Ásia – judeus e gregos – podem ouvir a palavra do Senhor.

Em Paulo, eles sentem de modo quase tangível a presença do Deus verdadeiro. Através da ação e da pregação do seu apóstolo, o Deus onipotente, Pai de Jesus Cristo, opera prodígios não comuns que ultrapassam toda expectativa, e que suscitam esperanças e interrogações sobre a validade do anúncio. Bastava que qualquer coisa tivesse tido contato com Paulo, que, sendo depois colocada sobre os doentes, estes ficavam curados e deles fugiam os espíritos maus, pelos quais muitos eram atormentados.

A força e a eficácia com que Paulo liberta dos espíritos malignos dão a alguns exorcistas judeus a coragem de imitá-lo. Estes, querendo exorcizar com a mesma eficácia, procuraram usar dos mesmos gestos e palavras de Paulo, que eles julgavam carregadas de poderes mágicos.

Mas Lucas narra, com uma ponta de ironia, o que aconteceu com os filhos de um certo Ceva, sacerdote judeu. Eles quiseram invocar o nome do Senhor Jesus sobre alguns que tinham um espírito mau, dizendo: "Eu vos esconjuro, por aquele Jesus que Paulo prega!".

Mas o espírito mau respondeu: "Conheço Jesus e sei quem é Paulo. Mas vós, quem sois?".

E o homem que tinha o espírito mau os atacou e bateu neles com tanta violência, que eles fugiram daquela casa feridos e com as roupas rasgadas.

Esse fato ficou conhecido de todos os efésios, e suscitou neles certo temor e sentimento de louvor a Jesus (At 19).

Um acontecimento impressionante

Em Éfeso, a magia era praticada de modo impressionante. Trouxeram e distribuíram uma grande variedade de livros sobre magia, que espalharam entre todos os habitantes de Éfeso e de toda a península proconsular. Aliás, este é um lugar onde esse tipo de livros é muito florescente, sendo chamados de *Ephesia grammata*.

Trata-se de livros ou folhetos em que são escritas breves fórmulas mágicas, às quais se atribuem poderes extraordinários, se forem aplicadas nas diversas circunstâncias da vida, como saúde ou doenças, sorte no jogo ou no amor, ou maldição contra os inimigos. Algumas fórmulas, copiadas e colocadas sobre tabuinhas de chumbo, tinham o objetivo de prejudicar os adversários.

Naturalmente, Paulo não tem necessidade de recorrer a qualquer tipo de magia. Ele age em nome de Jesus. O poder que ele exercita nesse nome é evidentemente superior a qualquer fórmula mágica ou supersticiosa. Esse poder é sempre benéfico.

Por essa razão, muitos daqueles que, tendo abraçado a fé, tinham sido ligados à magia, se arrependem e confessam o seu erro. As pessoas dedicadas às artes mágicas, e que queriam libertar-se delas, levam seus livros para a praça e fazem uma enorme fogueira diante de todos. O fato é impressionante!

Lucas calcula que o valor total de livros e opúsculos queimados tenha sido de cinquenta mil moedas de prata. Uma soma realmente alta. Talvez um tanto exagerada, mas extremamente significativa.

Fadigas e tribulações pelo Evangelho

Em Éfeso, mais ainda do que em Corinto, a Palavra de Deus continua a difundir-se e a ganhar força vigorosa. Mas a porta larga que se abriu para o Evangelho é de fato carregada de dificuldades. Paulo parece intuir várias situações graves de sofrimento, tanto no aspecto físico quanto moral. Por isso, pede repetidamente aos seus que o sustentem com a oração.

Na carta escrita de Éfeso aos cristãos de Corinto ele diz, entre outras coisas:

Até o momento, temos passado fome e sede. Temo-nos vestido com trapos, temos recebido bofetadas e não temos lugar certo para morar. Temo-nos cansado de trabalhar para nos sustentar. Quando somos amaldiçoados, nós abençoamos. Quando somos perseguidos, aguentamos com paciência. Quando somos insultados, respondemos com palavras delicadas. Somos considerados como lixo, e até agora somos tratados como a imundície deste mundo (1Cor 4,11-13).

Numa carta posterior, dirigida aos mesmos coríntios, ele escreve:

Irmãos, quero que saibais das aflições pelas quais passamos na província da Ásia. Os sofrimentos que suportamos foram tão grandes e tão duros, que já não tínhamos mais esperança de escapar de lá com vida. Nós nos sentíamos como condenados à morte. Mas isso aconteceu para que aprendêssemos a confiar não em nós mesmos, e sim em Deus, que ressuscita os mortos. Ele nos salvou e continuará a nos salvar desses terríveis perigos de morte. Sim, nós temos posto nele a nossa esperança, na certeza de que ele continuará a nos salvar, enquanto vós nos ajudais orando por nós. Assim, Deus responderá às muitas orações feitas em nosso favor e nos abençoará (2Cor 1,8-11).

Para falar dessa forma de morte, ele deve ter sofrido uma provação extrema. Aqui, como em outras ocasiões, houve risco de morte.

De fato, é toda a existência dessa corajosa testemunha de Jesus que corre sobre o fio da morte. Desde a conversão, em Damasco, Jesus tinha dito a Ananias: "Ele é o instrumento eleito que eu escolhi para mim, a fim de que leve meu nome diante das nações. E eu lhe mostrarei o quanto deverá sofrer pelo meu nome" (At 9,15-16).

Mas nada nem ninguém, exceto a morte, conseguirá impedi-lo de exercer sua missão. Ele é impelido e sustentado pela força do amor total. Amor a Deus e ao próximo. Um desejo ilimitado de colaborar a fim de que o sonho de Deus se cumpra, em favor de todos.

Um coração de pai e mãe

Quanto mais se alarga o campo de apostolado de Paulo, tanto mais cresce nele o cuidado por todos e por cada um dos seus filhos. As muitas comunidades cristãs fundadas por ele constituem como que uma família com problemas novos e com novas perspectivas de esperança.

Várias vezes ele mesmo se declarou aos crentes como pai e mãe. A expressão: "Filhinhos meus, que eu levo novamente em mim até que não seja formado Cristo em vós", parece, de algum modo, transbordar de manifestações antropológicas de afeto como o mesmo Deus, que se demonstra pai e mãe de Israel. Como quando o profeta Oseias diz:

> Fui eu que ensinei meu povo a andar, e os segurei nos meus braços, porém, eles não sabiam que era eu que cuidava deles. Com laços de amor e de carinho eu os trouxe para perto de mim; eu os segurei nos braços como quem pega uma criança no colo. Eu me inclinei e lhes dei de comer... Mas o meu povo teima em se revoltar contra mim: por isso, eles serão levados como prisioneiros pelo inimigo, e ninguém poderá salvá-los. Como poderia abandonar-te, Efraim? Como entregar-te a outros, Israel? Não, não posso fazer isso, pois meu coração está comovido e tenho muita compaixão de ti. Não deixarei que a ira me domine... pois eu sou Deus e não um ser humano (Os 11,3-9).

O Deus de Paulo, o Deus de Jesus Cristo, o Deus da Bíblia é bem diferente de um Deus impassível. A Bíblia toda, também quando exprime indignação e condenação, é atravessada por um frêmito de amor apaixonado de Deus, em relação às suas criaturas. E Paulo está impregnado desse amor.

O coração de Paulo é o coração de Cristo, diz João Crisóstomo. De tal modo Paulo se deixou tomar por Jesus, que se identificou o mais intensamente com ele, a ponto de desaparecer. Ele dirá de si mesmo: "Fui crucificado com Cristo; eu vivo, mas não sou eu que vivo, é Cristo que vive em mim. Vivo na fé do Filho de Deus que me amou e se entregou por mim" (Gl 2,19-20).

Somente um homem tão identificado com Jesus poderia viver uma vida tão intensa assim, de tal modo oferecida, de tal forma dilatada e animada pelo amor, a ponto de tornar-se de qualquer modo único e irrepetível.

A preocupação com todas as igrejas

É evidente em Paulo a preocupação com todas as igrejas. Por quanto lhe é possível, procura visitá-las pessoalmente e sempre mantém diálogo aberto, de vários modos. Quando não pode ir pessoalmente, seus colaboradores o representam, para assistir e encorajar os fiéis, corrigi-los e sustentá-los como comunidade e como pessoas, individualmente. Por vezes, deixa-os no lugar dele, para poder continuar seu trabalho, enquanto vai à sua frente para outros centros.

Não obstante o emprego de tempo e os cansaços que a redação de uma carta exige, ele envia diversas delas para encorajar, para esclarecer situações problemáticas, para dar resposta a interrogações importantes, para formar uma maturidade de fé mais viva, uma vida cristã mais responsável, e uma mais viva relação com o Deus vivente.

Suas cartas são testemunhas disso. São testemunhas de seu ânimo de pai, de educador, e o conteúdo delas atrai pela força e pelo ardor do Espírito de Jesus, que fala através dele.

Enquanto Paulo está em Éfeso, a igreja de Corinto deu-lhe não poucas preocupações. Da parte da família de Cloe e, depois, também de Estéfanes, Acaico e Fortunato, ele recebe notícias que o angustiam. Os coríntios não estão vivendo de acordo com o Evangelho.

Paulo envia Timóteo, com a esperança de que as coisas melhorem, mas, na verdade, elas não se resolvem, além de se acrescentarem outros problemas. No ano 56, ele mesmo vai até Corinto, mas não pode permanecer muito tempo, porque é urgente que ele volte para Éfeso.

Então, ele escreve mais vezes aos coríntios. Fala explicitamente também de uma carta escrita com muitas lágrimas. Mas o que aconteceu em Corinto?

Vários são os motivos de preocupação. Mas um deles é causado por alguns desmancha-prazeres, cujos propósitos parecem ter sido o de destruir, ou, pelo menos, prejudicar o Evangelho de Paulo, ao insistir no dever de observar a circuncisão e os usos mosaicos. Procuram modificar o Evangelho de Paulo, e, para isso, insistem no dever da circuncisão e nos costumes dos judeus, tentando diminuir a autoridade do apóstolo em relação a ele mesmo e a outros pregadores.

Ele não é por nada inferior

Paulo deve defender o seu trabalho, afirmando e motivando as razões pelas quais ele não se sente absolutamente inferior aos outros apóstolos, em particular a esses adversários, os quais, com fina ironia, ele define como superapóstolos.

Ele não o faz para vangloriar-se, mas para salvaguardar o próprio ministério contra as calúnias injuriosas que arriscam minar a sua obra apostólica. E chama também de sofrido o seu trabalho de evangelizador fiel:

Tenho até vergonha de confessar que nós fomos tímidos demais e não fomos capazes de fazer coisas como essas. Mas se os outros se atrevem a se gabar de alguma coisa, eu também vou me atrever, embora isso seja uma loucura. Eles são hebreus? Eu também sou. Eles são israelitas? Eu também sou. Eles são descendentes de Abraão? Eu também sou. Eles são servos de Cristo? Mas eu sou mais do que eles, embora, ao dizer isso, esteja falando como se fosse louco. Pois eu tenho trabalhado mais do que eles e tenho estado mais vezes na cadeia. Tenho sido chicoteado muito mais do que eles e muitas vezes estive em perigo de morte. Em cinco ocasiões os judeus me deram trinta e nove chicotadas. Três vezes os romanos me bateram com porretes, e uma vez fui apedrejado. Três vezes, o navio em que eu estava viajando afundou, e numa dessas vezes passei vinte e quatro horas boiando no mar. Nas muitas viagens que fiz, tenho estado em perigo de inundações e de ladrões, em perigos causados por meus patrícios, os judeus, e também pelos não judeus. Tenho estado no meio de perigos nas cidades, nos desertos e em alto-mar, e também em perigos causados por falsos irmãos.

Tenho tido trabalhos e canseiras. Muitas vezes tenho ficado sem dormir. Tenho passado sede e fome, tem-me faltado casa, comida e roupa. Além dessas e de outras coisas, ainda pesa diariamente sobre mim a preocupação que tenho por todas as igrejas. Quando alguém está fraco, eu também me sinto fraco; e quando alguém cai em pecado, eu fico muito aflito. Se é preciso vangloriar-me, então vou me gabar das coisas que mostram a minha fraqueza... (2Cor 11,21-31).

Acaso Cristo está dividido?

Em Corinto aconteceu um grave escândalo, e Paulo sofreu sobretudo pela indiferença demonstrada pelos cristãos. Mas o que o feriu mais profundamente foram as divisões internas dos crentes. De fato, alguns tomam o partido de Pedro, outros, de Apolo, outros, dele, e, enfim, de Cristo.

Juntamente com o irmão Sóstenes, que agora está junto dele, Paulo intervém enfrentando sobretudo os problemas da divisão.

Foi-me referido pela casa de Cloe que existem entre vós divisões. Acaso Cristo está dividido? Paulo foi crucificado por vós? Ou fostes batizados em nome de Paulo?... Mas quem é Apolo? Quem é Paulo? Servidores através dos quais viestes à fé. Eu plantei. Apolo regou. Mas foi Deus que fez crescer (1Cor 1,11-13; 3,5-6).

A propósito dessa desagregação, alguns pensam que entre Paulo e Apolo tenha havido alguma rivalidade. Não!

Ao afirmar que Apolo regou, Paulo demonstra reconhecer nele um bom evangelizador. Com sua preparação e eloquência, Apolo tinha dado à mensagem uma nota de frescor. E alguns cristãos de Corinto se orgulhavam dele. Mas ele não tinha más intenções. E Paulo demonstra saber disso. De fato, impossibilitado de ir pessoalmente a Corinto, pede a Apolo que o substitua. Mas Apolo não aceitou o convite, talvez por temor de novas divisões na comunidade.

Para Paulo, a união dos irmãos em Cristo era fundamental. As palavras que em Damasco ele tinha ouvido de Jesus: "Por que me persegues?", e depois estas: "Eu sou Jesus a quem tu persegue", tinham-lhe penetrado no sangue. Acredita fielmente que Jesus está unido aos seus, que constitui um corpo com todos. E agora ele chama a atenção dos coríntios para a unidade, servindo-se exatamente da imagem do corpo.

Como no corpo há muito membros, diferentes entre si, mas unidos e em estreita colaboração formam um só ser vivo e harmonioso, assim é Cristo. Consequentemente, não existe mais nem grego nem judeu, nem escravo nem livre, nem homem nem mulher, porque todos são uma só coisa em Cristo.

A comunhão de todos em Jesus Cristo não constitui confusão. Nem fusão. Cada qual permanece ele mesmo, com sua personalidade única, mas cada um é chamado a viver numa estreita união de amor e a dar a própria colaboração pessoal e diferente na busca de promover o bem comum como sendo o seu próprio bem.

A esse propósito, Paulo explica que os carismas são diferentes, mas um só é o Espírito; há diversos ministérios, mas um só é o Senhor; há diferentes atividades, mas um só Deus, que opera tudo em todos. A cada um é dada uma manifestação particular do Espírito, para o bem comum.

O canto de amor

Só o amor pode cimentar a união e o bem recíproco. São Paulo escreveu uma página insuperável sobre o amor.

Eu poderia falar todas as línguas que são faladas na terra
e até no céu, mas se não tivesse amor,
as minhas palavras seriam como o som de um bronze
ou como o barulho de um sino.
Poderia ter o dom de anunciar
mensageiros de Deus, ter todo conhecimento,
entender todos os segredos
e ter tanta fé, que até poderia tirar
as montanhas do seu lugar,
mas se não tivesse amor,
eu não seria nada.
Poderia dar tudo o que tenho
e até mesmo entregar meu corpo
para ser queimado,
mas, se eu não tivesse amor,
isso nada me adiantaria.
Quem ama é paciente e bondoso,
quem ama não é ciumento,
nem orgulhoso, nem vaidoso.

Quem ama não é grosseiro nem egoísta:
não fica irritado, nem guarda mágoas.
Quem ama não fica alegre quando
alguém faz uma coisa errada,
mas se alegra quando alguém
faz o que é certo.
Quem ama nunca desiste,
porém, suporta tudo com fé,
esperança e paciência.

O amor é eterno.
Existem mensagens espirituais,
porém, elas durarão pouco.
Existe o dom de falar,
em línguas estranhas,
mas acabará logo.

Existe o conhecimento,
mas também terminará.
Pois os nossos dons de conhecimento
e as nossas mensagens espirituais
são imperfeitos.

Mas quando vier o que é perfeito,
então o que é imperfeito desaparecerá. (...)
Agora existem estas três coisas:
A fé, a esperança e o amor.
Porém, a maior delas é o amor (1Cor 13).

O pecado é o contrário da caridade, ou seja, do amor que constrói. Ele destrói e provoca fraturas, hostiliza, contrapõe, é espírito de partido. Ao passo que o Espírito de amor, que Jesus nos deu e que habita em nós, promove unidade fraterna e permite voltar-nos para Deus, invocando-o: "Abbá, Pai!".

De fato, todos nós temos um único Pai, e todos nós somos irmãos, animados pelo mesmo Espírito. Todos nos tornamos filhos de Deus.

O Batismo nos fez passar através do mistério da morte e ressurreição de Jesus. Para compreender bem esse conceito, Paulo inventa palavras novas. Diz que somos comortos, cossepultados e corressurgidos com Cristo. E, com Jesus, somos filhos e co-herdeiros de Deus.

Jesus, o único pão para o único corpo

A comunhão se constrói e se consolida de modo particular na Eucaristia. Nela, o próprio Jesus, Cabeça do corpo que é a Igreja, nos alimenta dele mesmo. Alimenta cada um pessoalmente, mas não de maneira separada. Porque a comunhão é sacramento social, ou melhor, de solidariedade, de família.

Unindo-nos pessoalmente a Jesus, nos unimos a toda a Igreja, a todo o corpo de Cristo, ou seja, a cada irmão e a cada irmã.

Mas há um risco de que um dom de união assim tão grande, dom de comunhão vivido de forma individual, seja vivido com o coração dividido. Porque o pecado ameaça sempre a nossa fidelidade ao projeto de Deus.

Por isso, Paulo chama a atenção da comunidade de Corinto:

Nas instruções que agora vou dar a vocês eu não posso elogiá-los, pois as suas reuniões de adoração fazem mais mal do que bem. Para começar, me contaram que nessas reuniões há grupos de pessoas que estão brigando, e eu creio que em parte isso seja verdade. (...) O que é que vocês esperam que eu lhes diga? Querem que os elogie? É claro que não vou elogiá-los.

Porque eu recebi do Senhor este ensinamento que passei para vocês: que o Senhor Jesus, na noite em que foi traído, pegou o pão e deu graças a Deus. Depois partiu o pão e disse: "Isto é o meu corpo, que é entregue em favor de vocês. Façam isto em memória de mim". Assim também, depois da ceia, ele pegou o cálice e disse: "Esta é a nova aliança feita por Deus com o seu povo, aliança que é garantida pelo meu sangue. Cada vez que vocês beberem deste cálice, façam isso em memória de mim. De maneira que, cada vez que vocês comem deste pão e bebem deste cálice, estão anunciando a morte do Senhor, até que ele venha". Por isso, aquele que comer do pão do Senhor ou beber do seu cálice de modo indigno, estará pecando contra o corpo e o sangue do Senhor (1Cor 11,17.22-27).

Manifestar divisões, criar fraturas entre irmãos, e exatamente no contexto da celebração do amor, é um contrassenso absurdo.

Bento XVI afirma:

Na comunhão, eu me uno ao Senhor juntamente com todos os outros comungantes. A união com Cristo é, ao mesmo tempo, união com todos os outros aos quais ele se dá. Eu não posso ter Cristo só para mim; posso pertencer-lhe somente em união com todos aqueles que se tornaram ou se tornarão seus. A comunhão me tira fora de mim mesmo em direção a Deus, e, assim, para a unidade com todos os cristãos.

Um Deus encarnado me atrai para si. Na comunhão eucarística está contido todo o ser amado; e o amar, por sua vez, a própria vida dos outros. Uma Eucaristia que não se traduz em amor praticado concretamente é, em si mesma, fragmentada. O mandamento do amor torna-se possível somente onde ele não é apenas exigência: o amor pode ser pedido, porque primeiro é doado.

De Éfeso rumo a novos horizontes

Paulo permaneceu cerca de três anos em Éfeso (de 54 a 57). Com a ajuda de ótimos colaboradores, fundou muitas comunidades nessa cidade e nos arredores. Entre esses colaboradores sobressai Epafras, um abastado grego de Colossos, principal propagador do Evangelho tanto em Colossos como na Laodiceia e Jerápolis.

Diz Giuseppe Ricciotti:

Dado que as relações entre Colossos e Éfeso eram intensas, pode-se concluir que Epafras tenha conhecido Paulo numa de suas viagens a Éfeso, onde o conheceu, ouviu seu discurso e converteu-se ao Cristianismo com tanta cordialidade, que se tornou de imediato propagador, assim que retornou à sua região. Provavelmente, ter-se-á convertido por Paulo também Filemon, ao qual Paulo dirige uma carta, que ainda conservamos. Na sua casa se reunia a comunidade, e ele, juntamente com sua mulher Ápia, tinha contribuído para divulgar o Evangelho. Em Laodiceia reunia-se a comunidade na casa de um certo Ninfa...

São várias as cidades que gravitam em torno de Éfeso e que ouviram o Evangelho. Entre estas, provavelmente estão também as cidades a que se refere o Apocalipse, como Esmirna, Pérgamo, Tiatira, Sardes, Filadélfia e outras.

Na partida de Paulo, essas várias comunidades podiam considerar-se bastante sólidas e foram confiadas aos cuidados de pessoas (presbíteros) de confiança.

Agora Paulo tem a intenção de chegar a Jerusalém, também para levar ajuda àquelas igrejas que sofriam devido à carestia que atingira a população. Essa carência atingira sobretudo os cristãos, porque, sendo discriminados, eram também os mais pobres.

Antes, porém, ele quer visitar as igrejas de Filipos e de Tessalônica e, naturalmente, a de Corinto. Entretanto, ele se faz preceder por Timóteo e Erasto, enquanto Tito já está na Macedônia e em Corinto, a fim de organizar a coleta de ajuda para levar aos irmãos da cidade santa.

Entretanto, já faz algum tempo que ele cultiva um projeto que lhe está na mente e no coração: chegar a Roma. E propõe-se a concretizar tal projeto apenas lhe seja possível. De fato, ele escreve: "Depois de estar lá, devo ir também a Roma".

A revolta dos ourives

Antes que Paulo comece a deixar Éfeso, desencadeia-se, de repente, na cidade, um grande tumulto contra os cristãos e, naturalmente, contra ele.

Eis o que refere Lucas:

Um tal Demétrio, que era ourives, fabricante de nichos em prata de Ártemis, proporcionava aos artesãos não pouco lucro. Tendo-os reunido, bem como a outros que trabalhavam no mesmo ramo, disse: "Amigos, sabeis que é deste ganho que provém o nosso sustento. Entretanto, vedes e ouvis que não somente em Éfeso, mas em quase toda a Ásia, este Paulo desencaminhou, com suas persuasões, uma multidão considerável, pois diz que não são deuses os que são feitos por mãos humanas. Isso não só traz o perigo de a nossa profissão cair em descrédito, mas também o próprio templo da grande deusa Ártemis perder todo o seu prestígio; e será logo despojada de sua majestade aquela que a Ásia e todo o mundo venera". Ouvindo isso, todos os artesãos ficaram cheios de furor e puseram-se a gritar: "Grande é a Ártemis dos efésios!". A cidade foi tomada pela confusão, e todos se precipitaram para o teatro, arrastando consigo os macedônios Gaio e Aristarco, companheiros de viagem de Paulo. Este queria enfrentar o povo, mas os discípulos não lho permitiram. Também alguns dos discípulos amigos mandaram pedir-lhe que não se expusesse indo ao teatro. Uns gritavam uma coisa, outros outra. A assembleia estava totalmente confusa, e a maior parte nem sabia por qual motivo estavam reunidos. Alguns da multidão persuadiram Alexandre, e os judeus fizeram-no ir para a frente. De fato, fazendo sinal com a mão, Alexandre quis dar uma explicação ao povo. Quando, porém, reconheceram que era judeu, uma voz fez-se ouvir da parte de todos, gritando, por quase duas horas: "Grande é a Ártemis dos efésios!".

Acalmando finalmente a multidão, o escrivão da cidade assim falou: "Cidadãos de Éfeso! Quem há dentre os homens que não saiba que a cidade de Éfeso é custódia de Ártemis e da sua estátua caída do céu? Sendo indubitáveis estas coisas, é preciso que vos porteis calmamente e nada façais precipitado.

Trouxestes aqui estes homens: não são culpados de sacrilégio, nem de blasfêmia contra a nossa deusa. Se, pois, Demétrio e os artesãos que estão com ele têm alguma coisa com alguém, há audiências e há procônsules: que apresentem a queixa. E se tiverdes ainda outras questões além desta, serão resolvidas em assembleias regulares. Além disso, estamos correndo o risco de sermos acusados de sedição pelo que hoje aconteceu, não havendo causa alguma que possamos alegar para justificar esta aglomeração". Com estas palavras, pois, se dissolveu a assembleia (At 19).

Também nesse caso, os responsáveis preferiram certamente acalmar a multidão, evitando incorrer em problemas mais tarde.

Entretanto, a questão não se resolve de modo indolor nem para Paulo nem para os seus amigos. A ponto de, escrevendo aos romanos, recomendar que tenham consideração especial com Áquila e Priscila, os quais, para salvá-lo, expuseram suas próprias vidas.

Rumo à Macedônia, passando por Trôade

Antes de deixar Éfeso, Paulo manda chamar os discípulos e se entretém com eles ainda um pouco de tempo, ouvindo-os e encorajando-os. Recomenda aos responsáveis que tenham cuidado com os irmãos e que os sustentem no fervor da fé e a superar as provas que a minoria cristã deve sofrer.

Paulo sabe bem que as provações não faltam e têm muitas facetas: poderiam ser problemas ligados ao trabalho, quando se apresenta a ameaça de perder o lugar ou reduzir a clientela nos negócios realizados pelos cristãos.

Ou, então, problemas internos nas famílias, quando nem todos concordam em professar a mesma fé.

Fica evidente que a vida dos cristãos, mesmo que não sejam ameaçados por uma perseguição aberta, não é nada fácil. Entretanto, a alegria que proporciona a cada pessoa que vive a fé com empenho e consciência é insuperável: a paz do coração por saber que Deus é um pai que ama e cuida de todos os seus filhos; a libertação do medo e da angústia da morte; e o amor aos irmãos, que faz sair do isolamento, cria comunidade e facilita o serviço e o encorajamento recíproco. Sobretudo, é a confiança, a certeza de que Deus está presente sempre, em cada situação, e que não tira jamais a alegria de seus filhos senão para lhes dar outra ainda maior e mais certa, segundo a feliz expressão de Manzoni.

Quando retorna a Trôade, Paulo espera encontrar Tito. Está ansioso para ter notícias da igreja de Corinto. Quer saber como a comunidade reagiu depois de ter lido a carta, escrita num momento de grande aflição, com o coração angustiado e em meio a muitas lágrimas.

Ele tinha recomendado a Tito que viesse a Trôade e o esperasse aí. Mas agora, não o tendo encontrado, fica ansioso e decide prosseguir o mais cedo possível para a Macedônia, para antecipar o encontro com ele.

Quando, finalmente, o encontra, sente-se cheio de conforto, porque Tito lhe dá boas notícias daqueles filhos de Corinto, que lhe tinham dado tanto sofrimento. Por isso, escrevendo a eles, fala-lhes desse consolo que teve por causa deles. Diz:

> Deus, que consola os aflitos, nos consolou com a vinda de Tito e não somente pela sua vinda, mas com o consolo que recebi de vossa parte. Ele me falou do vosso desejo, de vossa dor, do vosso afeto por mim, de modo que minha alegria se tornou ainda maior. Alegramo-nos pela alegria de Tito, pois que seu espírito ficou fortalecido por todos vós. Também seu afeto por vós cresceu, lembrando-se de como tendes obedecido e como tendes ouvido com temor e tremor. Alegro-me porque posso contar inteiramente convosco (2Cor 7,6-7.13.15-16).

Cada vez que visita as suas comunidades, Paulo sente-se animado pela alegria de encontrar seus filhos, se bem que, por vezes, ele tenha alguma trepidação por causa dos erros e desvios a que é sujeita a fragilidade humana.

Encontrando-se agora na Macedônia para visitar as igrejas de Filipos, de Tessalônica e da Bereia, Paulo decide sair, juntamente com Tito, para evangelizar a Ilíria (Dalmácia).

Encontra-se um pequeno aceno dessa evangelização na Carta aos Romanos, onde ele afirma: "De Jerusalém e de todas as direções até a Ilíria, levei a termo a pregação do Evangelho de Cristo... Agora, porém, não encontrando mais um campo de ação nessas regiões..." (Rm 15,19.23).

As comunidades macedônias, apesar de serem provadas, resistem corajosamente na fidelidade a Jesus Cristo e dão prova disso ao contribuir generosamente, como diz Paulo, na ajuda aos mais pobres de Jerusalém. Entretanto, Paulo tem de constatar que, desde a chegada a Macedônia, o seu corpo não teve descanso algum.

Teria sido uma doença que o acometera? Ele diz:

> Trazemos, porém, este tesouro em vaso de argila, para que esse incomparável poder seja de Deus e não de nós. Somos atribulados por todos os lados, mas não esmagados, postos em extrema dificuldade, mas não vencidos pelo impasse; somos perseguidos, mas não abandonados; prostrados por terra, mas não aniquilados. Incessantemente por toda parte trazemos em nosso corpo a agonia de Jesus, a fim de que a vida de Jesus seja também manifestada em nosso corpo. Com efeito, embora nós vivamos, somos sempre entregues à morte por causa de Jesus, a fim de que também a vida de Jesus seja manifestada em nossa carne mortal. Assim, a morte trabalha em nós; a vida, porém, em vós (2Cor 4).

Para agravar seu estado pessoal de sofrimento, podem ter contribuído bastante as inevitáveis fadigas e dificuldades sofridas, para levar o Evangelho à população da Dalmácia.

Volta a Corinto

Após a visita às igrejas da Macedônia e a missão na Ilíria, Paulo desce a Corinto, onde permanece durante os três meses de inverno, entre os anos 57 e 58. Ele sente-se contente com esse tempo em Corinto e em continuar no meio da comunidade cristã o seu ministério, para que cresça nela a fé e possa reavivar o encontro pessoal com Cristo, para um sempre mais perfeito cumprimento do sonho do Pai.

O amor de Paulo pelos coríntios tem uma nota muito especial. Ele viveu entre eles um tempo relativamente longo e, mesmo de longe, acompanhou-os enviando-lhes Timóteo e Tito, e com seus escritos.

Paulo sofreu muito por eles. Por isso, ao escrever-lhes, pede-lhes com todo direito uma leal correspondência de afeto.

> Nós falamos com toda a liberdade, ó coríntios; o nosso coração se dilatou. Não é estreito o lugar que ocupais em nós, mas é em vossos corações que estais na estreiteza. Falo-vos como a filhos: dilatai também o vosso coração. Pagai-nos com igual retribuição; falo-vos como a filhos: dilatai também o vosso coração (2Cor 6,11-13).

Dado que Áquila e Priscila retornaram a Roma, Paulo agora se hospeda com outros amigos, e vive um tempo de relativa tranquilidade. Mas não se descuida do serviço à igreja de Corinto; dedica grande parte do seu tempo a redigir a Carta aos Gálatas e aos Romanos.

Em ambas as cartas, que têm muitos pontos em comum, põe em relevo o projeto de Deus e o seu cumprimento relativo à salvação universal.

Paulo escreve aos romanos, aproveitando a viagem de Febe para essa cidade. Febe é uma fervorosa cristã e dedicada diaconisa de Cencre.

Na carta, Paulo exprime a esperança de poder finalmente realizar seu desejo: chegar o quanto antes à capital do Império, após ter estado em Jerusalém.

É a primeira vez que Paulo se volta para uma igreja não fundada por ele. De fato, a igreja de Roma já tinha sido fundada. Segundo alguns, ou por Pedro ou pelos discípulos dele; ou, então, por funcionários romanos, ou comerciantes ou por soldados que, na Palestina, se tinham convertido pela pregação dos apóstolos; ou, quem sabe, terão conhecido o próprio Jesus.

A Carta aos Romanos e a universalidade da salvação

Na Carta aos Romanos, Paulo diz:

Não ousaria falar de coisas que Cristo não tivesse realizado por meio de mim para obter a obediência das nações. Em palavras e ações, pela força de sinais e prodígios, na força do Espírito de Deus. Como desde Jerusalém e arredores até a Ilíria, levei a termo o anúncio do Evangelho de Cristo, fiz questão de anunciar o Evangelho onde o nome de Cristo ainda não era conhecido, para não construir sobre alicerces lançados por outros (Rm 15,18-20).

Evidentemente, Roma representa uma exceção. Ele sempre a considerou um lugar ideal de anúncio e de irradiação da fé no mundo inteiro.

A carta de São Paulo aos romanos é riquíssima de conteúdo e a mais longa. É como que a exposição do Evangelho do apóstolo. A fé na salvação universal operada por Jesus constitui a sua principal chave de leitura.

Paulo demonstra alta estima pelos cristãos de Roma. Referindo-se a eles, depois de tê-los chamado de amados de Deus e santos por vocação, escreve:

> Em primeiro lugar, dou graças ao meu Deus, mediante Jesus Cristo, por todos vós, porque vossa fé é celebrada em todo o mundo. Deus, a quem presto um culto espiritual, anunciando o Evangelho de seu Filho, é testemunha de como me lembro de vós. E peço continuamente em minhas orações que, de algum modo, com o beneplácito de Deus, se me apresente uma oportunidade de ir ter convosco. Realmente, desejo muito ver-vos, para vos comunicar algum dom espiritual que vos possa confirmar, ou melhor, para nos confortar convosco pela fé que nos é comum a vós e a mim (Rm 1,8-12).

Ele traça um quadro geral da situação de pecado em que se encontra a humanidade, impossibilitada de chegar sozinha à salvação. A corrupção, de fato, é tal, que não consegue encontrar uma só pessoa justa. Mas essa situação trágica põe em relevo a imensidade da misericórdia de Deus, que, por meio do sacrifício de seu Filho, salva todo aquele que crê e confia no seu amor.

"É difícil" – continua Paulo – "morrer por uma pessoa justa, mas Deus demonstra o seu amor, sacrificando o seu Filho pelas criaturas humanas que, pelo pecado, ficaram em estado de inimizade. E pela fé no sacrifício de Cristo, elas são justificadas, ou seja, se tornam justas."

A esse propósito, ele lembra Abraão, que, ainda antes de ser circuncidado, fora justificado pela fé. A coragem demonstrada ao confiar-se em Deus, contra toda humana esperança, acreditando que Deus seria capaz de restituir a vida também àqueles que haviam morrido, lhe mereceu a justificação. Por isso, tornou-se pai de todas as nações e de todo aquele que confia em Deus.

Confiar em Deus, confiar no seu amor imensurável e invocar o seu nome é fundamental para a vida. Paulo arde de desejo de partilhar com todos essa estupenda realidade. E escreve uma página de interrogações profundas:

> Todo aquele que invocar o nome do Senhor será salvo. Mas como poderiam invocar aquele no qual não creram? E como poderiam crer naquele que não ouviram? E como poderiam ouvir sem pregador? E como podem pregar se não forem enviados? Conforme está escrito: Quão maravilhosos os pés dos que anunciam boas notícias.

Quem nos separará do amor de Cristo?

Paulo anuncia repetidamente, seja por voz, seja por carta, os valores fundamentais da fé e do Espírito de

Deus que habita naqueles que creem, tornando-os, em Jesus Cristo, filhos do Pai. Escrevendo aos gálatas, diz:

> Vós tendes recebido o Espírito que vos torna filhos adotivos, por meio do qual clamamos: "Abbá! Pai!" O mesmo Espírito, juntamente com o nosso espírito, atesta que somos filhos de Deus. E se somos filhos, somos também herdeiros. Herdeiros de Deus e co-herdeiros de Cristo, se de fato tomamos parte nos seus sofrimentos, para participar da sua glória.

E aos romanos ele escreve convicto:

> Penso que os sofrimentos do tempo presente não têm proporção com a glória que deverá revelar-se em nós. Pois a criação em expectativa anseia pela revelação dos filhos de Deus. De fato, a criação foi submetida à vaidade – não por seu querer, mas por vontade daquele que a submeteu – na esperança de ela também ser libertada da escravidão da corrupção, para entrar na liberdade da glória dos filhos de Deus...
> De fato, o Espírito vem em ajuda da nossa fraqueza, pois não sabemos o que pedir como convém; mas o próprio Espírito intercede por nós com gemidos inefáveis, e aquele que perscruta os corações sabe qual é o desejo do Espírito, pois é segundo Deus que ele intercede pelos santos.
> Que diremos, pois? Se Deus é por nós, quem será contra nós? Ele que não poupou seu próprio filho, mas o entregou por todos nos haverá de agraciar em tudo junto com ele? Quem acusará os eleitos de Deus? É Deus quem justifica. Quem condenará? Cristo Jesus, aquele que morreu, ou melhor, que ressuscitou e que está à direita de Deus e que intercede por nós?

Quem nos separará do amor de Cristo? A tribulação, a angústia, a perseguição, a fome, a nudez, a espada?... Mas em todas essas coisas, somos mais que vencedores, graças àquele que nos amou.

Pois estou convencido de que nem a morte, nem a vida, nem os anjos, nem os principados, nem o presente, nem o futuro, nem os poderes, nem a altura, nem a profundeza, nem qualquer outra criatura poderá nos separar do amor de Deus, manifestado em Cristo Jesus, nosso Senhor (Rm 8,31-39).

Compreendido todo este cúmulo de misericórdia de Deus, Paulo explode num hino de louvor:

Ó abismo da riqueza, da sabedoria e da ciência de Deus! Como são insondáveis os seus juízos e impenetráveis os seus caminhos! Quem, com efeito, conheceu o pensamento do Senhor?

Quem se tornou seu conselheiro?

Ou quem primeiro lhe fez o dom para receber em troca?

Porque tudo é dele, por ele e para ele. A ele a glória pelos séculos. Amém! (Rm 11,33-36).

Fazer da vida um eis-me, para o louvor de Deus

Há quem considere Paulo como um sustentador de uma fé pura, desconectada da moral. Não é assim, absolutamente! A fé de Paulo é aquela de quem, sabendo-se amado gratuita e ilimitadamente, sente-se, por consequência, levado a corresponder com um empenho que absorve toda a pessoa, na sua totalidade corpórea, de modo que todo o seu ser: espírito, alma e corpo, se torna um "eis-me" para o louvor de Deus.

Paulo estigmatiza a impudicícia como uma profanação do corpo, que é templo de Deus e instrumento da sua glória. E propõe que se torne, também como corpo, uma liturgia vivente.

Aos romanos ele escreve: "Eu vos exorto, irmãos, pela misericórdia de Deus, que ofereçais os vossos corpos como sacrifício vivo, santo e agradável a Deus; este é o vosso culto espiritual" (Rm 12,1).

Paulo ensina que também nas expressões mais materiais, como o comer e o beber, a vida deve orientar-se para Deus e ser vivida como culto espiritual agradável a ele. O cristão tem a alegre certeza de ser de Deus, de pertencer a seu amor invencível. Seja que vivamos, seja que morramos, nós somos dele.

O filho de Deus não é chamado a sair da realidade terrena na qual ele está inserido, mas a viver com simplicidade a cordial relação interpessoal com Deus e com o próximo, como também com todo o criado, que é de qualquer modo associado à aventura humana. Paulo chama atenção para a autenticidade da vida, que tem sua base no amor:

> Que o vosso amor seja sem hipocrisia; detestai o mal e apegai-vos ao bem; com amor fraterno, tendo carinho uns com os outros, cada um considerando o outro como mais digno de estima. Sede diligentes, sem preguiça, fervorosos de espírito, servindo ao Senhor, alegrando-vos na esperança,

perseverando na tribulação, assíduos na oração, tomando parte nas necessidades dos santos, buscando proporcionar a hospitalidade.

Abençoai os que vos perseguem; abençoai, e não amaldiçoeis. Alegrai-vos com os que se alegram, chorai com os que choram. Tende a mesma estima uns pelos outros, sem pretensões de grandeza, mas sentindo-vos solidários com os mais humildes, não vos deis ares de sábios. A ninguém pagueis o mal com o mal; seja vossa preocupação fazer o que é bom para todos os homens, procurando, se possível, viver em paz com todos, por quanto de vós depende (Rm 12,9-18).

Ele quer que a vida do cristão seja alegre e agradecida, sábia e iluminada pela palavra de Cristo. Por isso, ele sugere:

A palavra de Cristo habite em vós abundantemente: com toda sabedoria, ensinai e admoestai-vos uns aos outros, e, em ação de graças a Deus, entoem em vossos corações salmos, hinos e cânticos espirituais. E tudo o que fizerdes por palavra ou ação, fazei-o em nome do Senhor Jesus, por ele dando graças a Deus, o Pai! (Cl 3,16-17).

Chamados à perfeição

Paulo lembra repetidamente que Cristo morreu por todos. E que o cristão deve viver para o Senhor, tornar-se em Cristo uma nova criatura, modelada em Jesus, revestida dele. Mas viver à altura da vocação não é fácil.

Jesus convida os seus a serem perfeitos como o Pai que está no céu. O que significa que a tensão para Deus, portanto, a vida de perfeição, deve ser contínua e jamais estará plenamente concluída.

Paulo não esquece jamais a fragilidade humana, e reconhece que levamos um tesouro em vaso de barro. Sabe que o mistério da iniquidade constitui uma ameaça contínua e que as quedas no comportamento são frequentes em todos. Nas suas cartas às comunidades aparece evidente que a realidade humana é cheia de claros-escuros, ou seja, de santidade e de pecado.

Não obstante a salvação realizada por Jesus, a página dramática da Carta aos Romanos, na qual ele denuncia o pecado, parece que espelha também, sobretudo hoje, uma situação tal, que faz temer que o sonho do Pai esteja falido.

Mas Deus leva adiante o seu projeto para além das aparências contrárias. Ele permanece o-Deus-fiel, contra toda infidelidade humana. É mesmo verdade que ele sabe escrever direito por linhas tortas, porque seu amor invencível age sempre, inventa possibilidades impensáveis e encontra sempre, a toda hora da história, filhos prontos a deixar tudo a fim de colaborar com o seu plano.

Ele quer que todas as pessoas sejam salvas, ele as quer livres do mal, alegres e confiantes, corajosamente a caminho rumo à plenitude da festa que nunca se acaba. E a Igreja, na liturgia, proclama segura: "Hoje se cumpre o desígnio do Pai, de fazer de Cristo o coração do mundo".

Jesus declarou, de modo inequívoco, que "Deus amou tanto o mundo que deu seu Filho unigênito para que todo aquele que crê não se perca, mas tenha a vida eterna. Deus mandou seu Filho ao mundo não para condenar, mas para que o mundo seja salvo por ele" (Jo 3,15-17).

Também se servindo de parábolas, Jesus pôs em relevo a grande alegria do Pai, junto com os anjos do céu, que fazem festa para cada pecador que se converte.

O perdão como superdom que reconcilia

Sem forçar a liberdade de seus filhos, o Pai, com amor paciente e cauteloso, não se cansa de perdoar-nos e renovar-nos. Em Jesus, ele continua a reconciliar consigo todo aquele que, tendo caído no pecado, se arrepende do mal e retorna confiante a ele.

Paulo usa expressões que comovem. Evoca mais vezes o tema da reconciliação. Aos colossenses ele escreve, de fato, que, em Jesus Cristo, o Pai reconciliou consigo todas as coisas. E aos romanos:

Pois Deus demonstra seu amor para conosco pelo fato de Cristo ter morrido por nós quando éramos ainda pecadores. Quanto mais agora, justificados pelo seu sangue, seremos por ele salvos por sua vida. E não é só. Mas nós nos gloriamos em Deus por nosso Senhor Jesus Cristo, por quem desde agora recebemos a reconciliação" (Rm 5,10-11).

Na Segunda Carta aos Coríntios, lemos:

> Tudo isso vem de Deus, que nos reconciliou consigo por Cristo e nos confiou o ministério da reconciliação. Pois era Deus que em Cristo reconciliava o mundo consigo, não atribuindo às pessoas suas faltas, e pondo em nós a palavra de reconciliação. Sendo assim, em nome de Cristo exercemos a função de embaixadores; por nosso intermédio é Deus mesmo que vos exorta. Em nome de Cristo, suplicamos: reconciliai-vos com Deus. Aquele que não conheceu o pecado, Deus o fez pecado por causa de nós, a fim de que por ele nos tornemos justiça de Deus (2Cor 5,18-21).

De fato, através do sacramento da reconciliação (a confissão), Deus continua, por meio de seus representantes, a perdoar, reconciliar, curar. Mas esse dom de reconciliação que o Pai sempre nos concede e com tanta simplicidade, como que naturalmente, é um superdom que a ele custou caríssimo: a morte ignominiosa de seu Filho amado, do absolutamente santo. Inocente, suspenso no lenho da cruz como um malfeitor.

Paulo lembra aos gálatas que:

> Cristo nos resgatou da maldição, tornando-se ele mesmo maldição por nós, pois que está escrito: "Maldito aquele que é suspenso na cruz", para que em Cristo Jesus a bênção de Abraão passasse para todos os pagãos e nós, mediante a fé, recebêssemos a promessa do Espírito (Gl 3,13-14).

Amigos e colaboradores

O apóstolo Paulo não é um lutador solitário ou um misógino. Certamente ele tem um caráter forte, é um homem genial, fora do comum. Mas é também um coração capaz de sentimentos profundos, de grande ternura, capaz de fortes amizades. É circundado por muitos amigos e colaboradores, como Barnabé, Silvano, Tito e Timóteo. Por homens e mulheres. São numerosas as mulheres que o ajudam no ministério. Basta pensar em Lídia e nas mulheres de Filipos.

É significativa a conclusão da Carta aos Romanos. O último capítulo, quase inteiro, ele o dedica a saudar e fazer recomendações a pessoas que o ajudaram e continuavam a ter parte notável na sua vida e no seu apostolado.

Recomendo-vos Febe, nossa irmã, diaconisa da Igreja de Cencreia, para que a recebais no Senhor de modo digno, como convém a santos, e a assistais em tudo o que ela de vós precisar, porque também ela ajudou a muitos, a mim inclusive.

Saudai Prisca e Áquila, meus colaboradores em Cristo Jesus, que para salvar minha vida expuseram a cabeça. Não somente eu lhes devo gratidão, mas também todas as igrejas da gentilidade. Saudai também a igreja que se reúne em sua casa. Saudai meu amado Epêneto, primícias da Ásia para Cristo. Saudai Maria, que muito fez por nós. Saudai Andrônico e Júnia, meus parentes e companheiros de prisão, apóstolos exímios que me precederam na fé em Cristo. Saudai Amplíato, meu dileto amigo no Senhor. Saudai Urbano, nosso colaborador em Cristo e meu amado Estáquis. Saudai Apeles, homem provado em Cristo. Saudai os da casa de Aristóbulo. Saudai Herodião, meu parente. Saudai os da casa de Narciso no Senhor. Saudai Trifena e Trifosa, que se afadigaram no Senhor. Saudai a querida Pérside que muito se afadigou no Senhor. Saudai Rufo, este eleito do Senhor e sua mãe, que é também minha. Saudai Asíncrito, Flegonte, Hermes, Pátrobras, Hermas e os irmãos que estão com eles. Saudai Filólogo e Júlia, Nereu e sua irmã, e Olimpas, e todos os santos que estão com eles. Saudai-vos uns aos outros com o ósculo santo. Todas as igrejas de Cristo vos saúdam (Rm 16).

De Corinto a Trôade

Após os meses de inverno transcorridos em Corinto, Paulo zarpa do porto de Cencreia para voltar à Síria. Mas, informado de que os judeus haviam formado um complô contra ele, foi constrangido a mudar o itinerário. Assim, ele foi a pé para a Macedônia; e depois de ter estado em Filipos para celebrar a Páscoa, embarca para Trôade. Com ele está o amigo Lucas.

Esperavam-no em Trôade todos estes: Soprato de Bereia, filho de Pirro, Aristarco e Secondo de Tessalônica, Gaio de Derbe, Timóteo, Tíquico e Trófimo, que haviam embarcado antes dele, em Cencreia. Juntamente com eles, Paulo permanece em Trôade por uma semana, durante a qual se fazem encontros com a comunidade que parece particularmente viva e acolhedora.

A noite do domingo vive-se numa intensa vigília eucarística, para celebrar o dia do Senhor.

Paulo dá amplo espaço para o anúncio da Palavra. Fala com segurança sobre o mistério de Deus, que ama até dar a vida do seu Filho dileto. Encoraja-os a acolherem o amor, a confiar-se no amor, a doar-se ao amor, com uma vida de fé confiante e operosa. Ele não terminaria nunca de falar. É de fato um homem envolvido pela paixão missionária, desejoso de que se cumpra o sonho de Deus para a felicidade de todos.

A sala, que está no terceiro plano da casa, está bem iluminada e cheia de participantes atentos. Mas, com a máxima boa vontade, nem todos têm a resistência de Paulo ao sono e alguns dormitam.

Lucas narra que Êutico, um adolescente que estava sentado na soleira da janela, foi

> vencido pelo sono e caiu do terceiro andar. Todos o deram por morto. Mas Paulo desceu, prostrou-se sobre o rapaz, abraçou-o e disse: "Não se perturbem. Ele está vivo!" Depois subiu, partiu o pão, comeu e o distribui a todos; em seguida, falou ainda por muito tempo, até o raiar do dia. Só depois ele partiu (At 20).

A despedida dos anciãos de Éfeso

Depois que Paulo se despediu da comunidade de Trôade, mandou adiante os seus companheiros até Assos. Lá ele os encontrará para continuarem juntos a viagem. Até Assos ele prefere viajar por terra. Sozinho. Tem necessidade de rezar e refletir na solidão.

Deseja chegar até Jerusalém a tempo para a celebração de Pentecostes. Ele tem pressa de entregar aos seus conterrâneos as ofertas recolhidas na Macedônia e na Grécia.

Para evitar demora, ele não para em Éfeso, mas de Mileto manda chamar os anciãos e os colaboradores da comunidade de Éfeso. Ele pressente que esse encontro será um adeus. Sua comunicação tem, portanto, um caráter de testamento e, ao mesmo tempo, parece designar sua específica identidade de apóstolo de Cristo.

Vós bem sabeis como procedi para convosco todo o tempo, desde o primeiro dia em que cheguei à Ásia. Servi ao Senhor com toda a humildade, com lágrimas, no meio das provações que me sobrevieram pelas ciladas dos judeus. E nada do que vos pudesse ser útil eu negligenciei de anunciar-vos e ensinar-vos, em público e pelas casas, chamando judeus e gregos ao arrependimento diante de Deus e à fé em Jesus, nosso Senhor.

Agora, acorrentado pelo Espírito, dirijo-me a Jerusalém, sem saber o que lá me sucederá. Senão que de cidade em cidade, o Espírito me adverte dizendo que me aguardam cadeias e tribulações. Mas de forma alguma considero minha vida preciosa a mim mesmo, contanto que leve a bom termo a minha carreira e o ministério que recebi do Senhor Jesus: dar testemunho do Evangelho da graça de Deus.

Agora, porém, estou certo de que não mais vereis minha face, vós todos entre os quais passei proclamando o Reino. Eis por que eu o atesto hoje, diante de vós: estou puro do sangue de todos, pois não me esquivei de vos anunciar todo o desígnio de Deus para vós.

Permanecei atentos a vós mesmos e a todo o rebanho: dele o Espírito Santo vos constituiu guardiães, para apascentar a igreja de Deus, que ele adquiriu para si pelo sangue de seu próprio Filho.

Bem sei que depois de minha partida introduzir-se-ão entre vós lobos vorazes que não pouparão o rebanho. Mesmo do meio de vós surgirão alguns, falando coisas pervertidas, para arrastarem atrás de si os discípulos. Vigiai, portanto, lembrados de que, durante três anos, dia e noite, não cessei de admoestar com lágrimas a cada um de vós.

Agora, pois, recomendo-vos a Deus e à palavra de sua graça, que tem o poder de edificar e de vos dar a herança entre todos os santificados.

De resto, não cobicei prata, ouro ou vestes de ninguém. Vós mesmos sabeis que, às minhas precisões e às de meus companheiros, proveram estas mãos. Em tudo vos mostrei que é afadigando-nos assim que devemos ajudar os fracos, tendo presentes as palavras do Senhor Jesus, que disse: "Há mais felicidade em dar do que em receber" (At 20).

Todos aqueles que tinham vindo a Mileto para encontrar Paulo ouviram-no em silêncio, mas no fim prorromperam em grande pranto. A dor de perder o mestre e pai é muito grande. Assim, eles se atiraram ao pescoço de Paulo e o beijaram, enquanto o acompanhavam até a praia. Aí chegados, antes de deixá-lo, ajoelharam-se junto a ele e rezaram.

Paulo em Jerusalém. "Com Cristo, eu fui pregado na cruz. Eu vivo, mas não eu: é Cristo que vive em mim."

CAPÍTULO 6

DE JERUSALÉM A CESAREIA

Rumo a Jerusalém

Acompanhado pelo grupo de amigos e colaboradores, Paulo zarpa de Mileto direto para Jerusalém. Ele não sabe exatamente o que o espera. Sabe somente que terá muito que sofrer. E tem claro o pensamento de que não mais verá, depois, as pessoas que lhe são caras e que ele vai encontrando no decurso da viagem, quando o navio para em alguma cidade costeira.

Em Tiro, à espera de que o navio retome a viagem, ele fica hospedado por uma semana junto a seus amigos da comunidade local. E a comunidade fica logo alarmada por causa de Paulo, e insiste com ele que não vá para Jerusalém, diante do obscuro pressentimento de que qualquer coisa de grave poderia acontecer-lhe.

Mas Paulo permanece irremovível e, assim que possível, embarca de novo. Acompanham-no homens, mulheres e crianças, que o abraçam afetuosamente.

Depois, ajoelham-se e rezam. Paulo vive novamente o doloroso adeus de Mileto.

Também em Cesareia o navio aporta; ali Paulo e seus companheiros são acolhidos pela comunidade cristã da cidade. Paulo hospeda-se na casa de Filipe, um dos sete diáconos eleitos pelos apóstolos, juntamente com Estêvão. Filipe é o diácono que tinha evangelizado e batizado o alto funcionário da rainha de Candace, da Etiópia, quando este voltava de Jerusalém à sua pátria.

Como em Tiro, a comunidade cristã convida Paulo a não ir para Jerusalém. A filha de Filipe, que tinha o dom da profecia, procurou inutilmente dissuadir Paulo. Chegaram a suplicar-lhe que desistisse dessa viagem. Para tornar mais penosa a situação, pôs-se no meio Ágabo, também ele profeta. E exatamente como profeta, faz um gesto altamente significativo. Ele toma o cinto de Paulo e com ele ata as mãos e os pés de Paulo, dizendo: "Isto diz o Espírito Santo: o homem ao qual pertence este cinto, os judeus de Jerusalém o atarão assim e o entregarão nas mãos dos pagãos".

Mas nada leva Paulo a mudar de propósito. Ele sente que deve prosseguir. É o mesmo Deus que quer chamá-lo a Jerusalém. Por isso, Paulo diz: "Por que fazeis assim, continuando a chorar e a despedaçar-me o coração? Eu estou pronto não somente a ser preso, mas também a morrer em Jerusalém pelo nome do Senhor Jesus".

A comunidade então, vendo ser inútil toda insistência, deixa-o ir, dizendo: "Seja feita a vontade do Senhor!".

Paulo não é insensível ao pranto enorme de tantas pessoas que lhe querem bem. Nem mesmo é indiferente perante os perigos de que se vê ameaçado. Ao dizer: "despedaça-me o coração" deixa intuir quanta luta ele tem de sustentar. Mas, como sempre, ao determinar suas escolhas, é o amor de Jesus que deve prevalecer perante qualquer outra realidade.

O ódio implacável em Jerusalém

Em Cesareia, juntam-se ao grupo de Paulo outros irmãos. E quem o hospeda em Jerusalém é um cristão de Chipre. A acolhida cristã da cidade tem ar de festa. Paulo apressa-se a encontrar Tiago, primo de Jesus e cabeça da igreja de Jerusalém, e entregar-lhe a oferta para ajudar os pobres.

De sua parte, Tiago tem por Paulo uma benevolência particular. E, juntamente com os anciãos, manifesta grande interesse por tudo o que Paulo conta, reconhecendo, na propagação do Evangelho entre os pagãos, a graça e a bênção de Deus.

Tiago propõe a Paulo que se una a outros quatro homens para irem ao templo a fim de cumprir o voto de nazareato e pagar, por si e pelos outros quatro, a oferta devida.

Segundo Tiago, esse gesto serviria para desmentir as calúnias que circulavam contra Paulo. Mas, para ele, as coisas não foram nada simples.

De fato, alguns dias depois, alguns judeus da província da Ásia, vendo Paulo no templo, inventaram um pretexto contra ele e puseram-se a gritar ameaçadores: "Socorro!".

O que poderia estar acontecendo para que eles gritassem por socorro? Eis como isso se explica: "Homens de Jerusalém, socorro! Este é o homem que anda ensinando a todos e por toda parte contra o povo, contra a Lei e contra este lugar. Agora ousou introduzir gregos no templo e profanou este lugar santo!".

É certamente verdade que Paulo vai ensinando por toda parte e a todos o Evangelho de Jesus. Mas não é verdade que tenha cometido o... crime de introduzir pagãos no templo. Mas o que importa? Bastou formular tal acusação para desencadear violenta cena de horror. Querem que Paulo morra. Paulo deve ser tirado do seu meio. Deve morrer.

Ainda antes de entrar no templo, foi arrastado fora para ser morto. Mas, por sorte, os soldados da torre Antônia intervêm exatamente a tempo de tirá-lo das suas mãos.

Entretanto, o comandante ordena que se acorrente Paulo, enquanto procura entender a razão do tumulto. As vozes são tão discordantes e incompreensíveis que, para entender o que realmente acontece, decide conduzir Paulo à fortaleza. E os soldados, para evitar que ele fosse linchado, tiveram de levá-lo nos ombros. Mas Paulo, num bom falar grego que desperta admiração no comandante, pede-lhe: "Peço-lhe que me permita falar ao povo".

Obtida a permissão, Paulo ergue a voz e se volta ao povo em hebraico. Imprevisivelmente, o povo, ao ouvi-lo falar em hebraico, faz silêncio.

A autodefesa de Paulo

Irmãos e pais, escutai a minha defesa, que tenho agora a vos apresentar. Eu sou judeu, nasci em Tarso, da Cilícia, mas criei-me nesta cidade, educado aos pés de Gamaliel, na observância exata da Lei de nossos pais, cheio de zelo por Deus, como vós todos no dia de hoje. Persegui de morte este Caminho, prendendo e lançando à prisão homens e mulheres, como o podem testemunhar o sumo sacerdote e todos os anciãos. Deles cheguei a receber cartas de recomendação para os irmãos de Damasco e para lá me dirigi, a fim de trazer algemados para Jerusalém os que lá estivessem, para serem aqui punidos...

Paulo conta a respeito do evento que mudou radicalmente sua existência. E prossegue:

Depois, tendo eu voltado a Jerusalém e orando no Templo, sucedeu-me entrar em êxtase. Eu vi o Senhor que me dizia: "Apressa-te, sai logo de Jerusalém, porque não acolherão o teu testemunho a meu respeito". Retruquei então: "Mas, Senhor, eles sabem que era eu quem andava prendendo e vergastando, de sinagoga em sinagoga, os que criam em ti. E quando derramavam o sangue de Estêvão, tua testemunha, eu próprio estava presente, apoiando aqueles que o matavam, e mesmo guardando suas vestes". Ele, contudo, me disse: "Vai, porque é para os gentios, para longe, que eu quero enviar-te".

Escutaram-no até esse ponto. Apenas ouviram falar em nações distantes, o silêncio se interrompeu bruscamente. Novos gritos de ameaça: "Tira este daqui! Não convém que ele viva!".

A multidão se amotinou. Paulo foi levado para a fortaleza, para ser interrogado a golpes de açoites.

– Podes açoitar um cidadão romano que ainda não foi julgado?

A essas palavras, o centurião ficou espantado e correu a falar ao comandante:

– Que estás a fazer? Esse homem é um cidadão romano!

– És de fato cidadão romano?, perguntou-lhe o comandante.

– Sim.

– Eu adquiri essa cidadania à custa de muito dinheiro.

– E eu a tenho por nascimento.

Querendo apurar o motivo pelo qual Paulo está sendo acusado, o comandante o faz comparecer diante do tribunal judeu. Mas tudo acaba numa disputa que se torna sempre mais ameaçadora. Novamente, para evitar o linchamento, Paulo é levado à fortaleza.

Paulo tem o coração amargurado. Sente-se sozinho, ao sabor do ódio do povo ao qual pertence e que ele continua a amar. Sofre pela impossibilidade de partilhar o dom do Evangelho do seu Senhor Jesus, que é também filho do mesmo povo.

Nessa noite, Jesus aparece para ele e o conforta: "Coragem! Como deste testemunho de mim em Jerusalém, assim é preciso que tu dês testemunho de mim também em Roma".

O complô desmontado

Na manhã seguinte, mais de quarenta judeus organizam um complô contra Paulo. Invocam sobre si a maldição, jurando que não haviam de comer nem beber enquanto não o tivessem matado. Com tal propósito, comunicaram aos chefes a sua decisão:

– Obrigamo-nos, sob juramento, a não comer nem beber até que não tenhamos matado Paulo. Vós, pois, juntamente com o Sinédrio, dizei agora ao comandante que o conduza aqui, com o pretexto de examinar mais atentamente o seu caso. No entanto, nós estaremos prontos para matá-lo antes que ele chegue.

Mas o filho da irmã de Paulo veio a saber do ocorrido. E foi depressa à fortaleza para informar o tio. Então, Paulo mandou chamar um centurião e lhe disse:

– Conduze este menino ao comandante, porque ele tem algo a lhe comunicar.

– Que tens a dizer-me, menino?, pergunta-lhe o comandante.

– Os judeus puseram-se de acordo para pedir-te que traga Paulo ao Sinédrio, com o pretexto de avaliar mais detalhadamente o seu caso. Tu, porém, não te deixes convencer por eles, pois mais de quarenta homens fizeram um pacto: invocaram sobre si a maldição dizendo que não vão comer nem beber enquanto não o tiverem matado. E agora estão prontos, esperando seu consentimento.

– Pois não digas a ninguém que me deste essa informação, ordena o comandante Lísias.

E tomou decisões rápidas. Chamou dois centuriões e ordenou-lhes:

– Preparai duzentos soldados para irem a Cesareia, juntamente com setenta cavaleiros e duzentos lanceiros, três horas após o anoitecer. Estejam prontos também com montarias, e fazei Paulo montar, a fim de que seja conduzido são e salvo até o governador Félix.

E prepara uma carta de acompanhamento para o governador:

Cláudio Lísias, ao excelentíssimo governador Félix,

Este homem foi preso pelos judeus e estava para ser morto por eles; mas eu intervim com os soldados e o libertei, pois soube que se trata de um cidadão romano.

Desejando conhecer os motivos pelos quais o acusavam, eu o conduzi ao Sinédrio.

Soube que se tratava de acusações por questões relativas à lei deles, mas não havia acusação alguma que merecesse morte ou prisão. Mas fui informado que se formara contra ele um complô, e eu o enviei de imediato a ti, avisando os acusadores que deponham diante de ti aquilo que eles têm contra ele.

Segundo as ordens recebidas, os soldados conduzem Paulo a Cesareia, ao governador Félix, ainda de noite. O risco a que Paulo está exposto é grave; e, para conduzi-lo até o governador, foi preciso tomar precauções.

Mas Félix não demonstra o menor interesse por esse prisioneiro. Depois de ler a carta de acompanhamento e de ser informado sobre a província de origem de Paulo, ele limita-se a dizer-lhe: "Eu te ouvirei quando vierem aqui os teus acusadores".

Depois ordena que Paulo seja preso sob custódia no pretório chamado de Herodes, que fica no interno do palácio real, e que tem este nome porque foi construído por Herodes.

Processo em Cesareia

Cinco dias mais tarde, chegam os acusadores esperados por Félix. Com o sumo sacerdote Ananias e outros membros do Sinédrio está um advogado, um certo Tértulo, disposto a sustentar a acusação.

O servilismo de Tértulo é patente. Ele fala, buscando conquistar as boas graças do governador.

A longa paz que temos, graças a ti, e as reformas que foram feitas a esta nação, também devido à tua providência, nós desfrutamos delas em tudo e por tudo, excelentíssimo Félix, e com grandíssima gratidão.

Mas, para não me prolongar, eu te rogo que, por tua bondade, nos ouça brevemente. Descobrimos que, de fato, este homem é um perigo, pois fomenta desordem entre todos os judeus do mundo, é um chefe da seita dos nazareus.

Ele tentou até mesmo profanar o nosso templo e nós o arrastamos para fora. Interrogando-o, poderás inteirar-te pessoalmente de todas essas coisas de que nós o acusamos.

Naturalmente, todo o grupo sustentou a acusação.

O governador dá depois a palavra ao acusado. Ele não somente se defende das falsas acusações, mas aproveita para testemunhar sua fé em Jesus Cristo e na ressurreição.

Sei que há muitos anos és juiz deste povo e falo em minha defesa com confiança... Eles não podem provar coisa alguma do que agora me acusam. Por isso, agora eu te declaro: eu adoro o Deus de meus pais, seguindo o caminho que chamam de seita, crendo em tudo aquilo que é conforme a lei que está escrita nos profetas. Nutro a minha esperança em Deus, o qual eles também professam, de que haverá uma ressurreição dos justos e dos injustos. Por isso, também eu procuro conservar a cada momento uma consciência irrepreensível diante de Deus e diante dos homens. Acontece que, depois de muitos anos, eu voltei, a fim de trazer esmolas para minha gente e oferecer sacrifícios. Foi nessa ocasião que eles me encontraram no templo, depois que eu tinha completado a purificação. Não havia multidão nem tumulto. Foram os judeus da província da Ásia que me encontraram, e estes é que deveriam vir diante de ti para acusar-me, se é que têm algo contra mim. Ou, então, que eles digam qual é culpa que encontraram em mim quando compareci diante do Sinédrio, senão esta única frase que eu gritei no meio deles: "É por motivo da ressurreição dos mortos que eu estou sendo julgado hoje diante de vós".

Félix não toma posição perante esse caso. Despede a todos para examinar a questão quando chegar de Lísias. Entretanto, ele entrega Paulo à guarda de um centurião, concedendo-lhe certa liberdade e a possibilidade de ser assistido pelos seus.

Alguns dias depois, Félix, acompanhado da sua mulher Drusila, uma judia, vai visitá-lo, e ele demonstra interesse em ouvir Paulo. Este fala sobre a fé em Cristo Jesus. Mas, quando começa a falar de justiça, de continência e do juízo futuro, meio espantado Felix diz: "No momento, podes ir. Quando for oportuno, eu te mando chamar".

Faltaria tempo ao governador? Não! É que ele esperava fazer algo agradável aos judeus, e por isso o mantém sob custódia por cerca de dois anos, enquanto permanece em Cesareia, até a chegada de seu sucessor, Festo.

"Apelo para César"

O novo governador demonstra-se imediatamente mais rápido em relação a Paulo.

Três dias após sua chegada a Jerusalém, antes mesmo de chegar a sua sede em Cesareia, os chefes dos judeus pedem-lhe que faça vir Paulo até Jerusalém para responder processo ali. Certamente eles tencionavam matar Paulo durante o trajeto.

Mas Festo não atende a esse seu pedido, dizendo-lhes que Paulo está sob custódia em Cesareia. E acrescenta: "Aqueles dentre vós que são constituídos em autoridade, venham comigo até Cesareia, e se houve alguma culpa, que o acusem".

Ele mesmo, no dia seguinte ao da sua chegada, senta-se ao tribunal e manda conduzir Paulo. Imediatamente surgem os judeus, vindos de Jerusalém. Estes apresentam muitas acusações graves, mas não conseguem provar nenhuma delas.

Então, Paulo fala em sua própria defesa: "Eu não cometi culpa alguma, nem contra a lei dos judeus nem contra o templo, nem contra César". Mas com o intuito de agradar aos judeus, Festo propõe: "Queres ir para Jerusalém para seres julgado destas coisas lá, diante de mim?".

Paulo discorda:

Encontro-me diante do tribunal de César. É aqui que me devem julgar. Contra os judeus não cometi nenhum crime, como também tu o sabes perfeitamente. Portanto, se acaso cometi alguma coisa que mereça a morte, não me recuso a morrer; mas, se nessas acusações deles não há nenhuma verdade, ninguém pode me entregar a eles. Eu apelo para César.

Então Festo, após ter discutido com o seu conselho, responde: "Apelaste a César. Irás a César!".

Dias depois, Festo recebe a visita do rei Agripa e de sua irmã Berenice, ambos irmãos de Drusila. Pensando no prisioneiro Paulo, Festo lhes diz:

Há aqui um homem, que Félix deixou prisioneiro. Durante minha visita a Jerusalém, apresentaram-se-me os chefes dos judeus, que pedem a sua condenação. Respondi-lhes que os romanos não costumam condenar uma pessoa, antes que ela seja confrontada com os seus acusadores e tenha como defender-se das acusações. Então, eles vieram aqui, e, sem demora, eu me sentei ao tribunal e ordenei que trouxessem o homem. Aqueles que o acusavam compareceram, mas não apresentaram nenhuma acusação daqueles crimes que eu imaginava.

Eles tinham algumas questões relacionadas com a religião deles e com um certo Jesus morto, que Paulo sustenta que está vivo. Perplexo diante de tal controvérsia, perguntei-lhe se ele queria ir a Jerusalém para ser julgado dessas coisas lá. Mas Paulo apelou para que sua causa seja reservada ao julgamento de Augusto, e, assim, ordenei que ele seja mantido em custódia até poder enviá-lo a César.

No dia seguinte, Paulo é introduzido na sala de audiências, onde há, além de Agripa e Berenice, também os tribunos e as pessoas importantes da cidade.

Festo inicia a sessão dizendo:

Rei Agripa, e vós todos conosco aqui presentes, estais vendo este homem, por causa do qual a comunidade dos judeus recorreu a mim tanto em Jerusalém como aqui, clamando que ele não deve continuar a viver. Eu, porém, averiguei que nada fez que mereça a morte. Contudo, como ele mesmo apelou para Augusto, decidi enviá-lo. Acontece que nada tenho de concreto, sobre ele, para escrever ao soberano. Por isso, faça-o comparecer diante de vós, sobretudo diante de ti, rei Agripa, a fim de que, feita a arguição, eu tenha o que escrever. Pois me parece irrazoável enviar um detido sem também indicar as acusações movidas contra ele.

Nova autodefesa e testemunho de Paulo

Agripa convidou Paulo: "Fala em tua defesa".

Como sempre, Paulo aproveita a ocasião para dar testemunho da sua fé. Fez um aceno com a mão e disse: Considero-me feliz, ó rei Agripa, de poder defender-me hoje de tudo aquilo de que me acusam os judeus, diante de ti, que conheces perfeitamente todos os usos relativos aos judeus. Por isso, eu te peço que me ouças com paciência...".

Paulo fala de sua fidelidade a Israel e às suas leis e da esperança comum do cumprimento da promessa. E continua dizendo:

Hoje estou sendo processado aqui por causa da esperança na promessa feita aos nossos pais e que as doze tribos esperam que se cumpra, servindo a Deus noite e dia, com perseverança. Por causa dessa esperança, ó rei, sou acusado pelos judeus! Por que entre vós considera-se incrível que Deus ressuscite os mortos? Também eu fiz muita oposição ao nome de Jesus, o Nazareno. O que eu fiz em Jerusalém! Quantos fiéis foram postos na prisão...

Aqui também Paulo narra o episódio de Damasco: o encontro com Jesus perseguido, que lhe apareceu vivo e que mudou sua vida, confiando-lhe também a missão de anunciá-lo ao povo e às nações, para que se convertam a Deus e obtenham o perdão dos pecados.

Paulo, que não pode renunciar a seu encargo de evangelizador, continua:

> Porém, ó rei Agripa, não desobedeci à visão celeste, mas, antes, aos de Damasco, depois aos de Jerusalém e em toda a região da Judeia e, enfim, aos pagãos, eu pregava que se arrependessem e voltassem para Deus, comportando-se de maneira condizente com a conversão. Foi por causa dessas coisas que os judeus me prenderam e tentaram matar-me enquanto eu estava no templo. Mas, com a ajuda de Deus, até este momento, estou aqui para testemunhar aos humildes e aos grandes tudo aquilo que os profetas e Moisés disseram que havia de acontecer, ou seja, que Cristo haveria de sofrer e que, antes de ressuscitar dos mortos, teria anunciado a luz ao povo e aos gentios.

A essa altura, Festo o interrompe exclamando em alta voz: "Estás louco, Paulo. A muita ciência te enlouqueceu".

Ao que Paulo respondeu:

> Não estou louco, ó excelentíssimo Festo, mas estou dizendo palavras verdadeiras e sábias. O rei tem conhecimento dessas coisas e diante dele falo com franqueza, porque não são fatos acontecidos em segredo. Tu acreditas, ó rei Agripa, nos profetas? Eu sei que acreditas.

Agripa responde: "Mais um pouco e me convences a fazer-me cristão!".

"Por um pouco ou por muito, eu desejaria suplicar a Deus que não somente tu, mas todos aqueles que me escutam se tornassem como eu, menos estas algemas!"

Terminada a sessão, todos os participantes, inclusive Agripa, Berenice e o próprio Festo, afastam-se pensativos; e dizem: "Este homem não fez nada que mereça a morte ou algemas. Se não tivesse apelado para César" – diz Agripa a Festo –, "podia-se pô-lo em liberdade".

Mas já não se pode fazer mais nada senão embarcá--lo no primeiro navio rumo à Itália. Festo fica contente com essa solução, pois, para ele, Paulo é uma pessoa um tanto incômoda.

Também Paulo sente-se contente de partir. Viveu com dificuldade aqueles dois anos em Cesareia. Premido pelo desejo de ir a todos a fim de dar-lhes a conhecer o seu Senhor Jesus e o sonho de salvação universal do Pai, ele se sentia como um passarinho ao qual se lhe tivessem impedido de voar para o alto e para longe.

A longa prisão em Cesareia

Mas Paulo sabe também que os dois anos vividos em Cesareia, como todo outro tempo, foram tempos de Deus, que, para aqueles que o amam, tem o poder de fazer que tudo concorra para o bem, mesmo quando isso não pareça ser levado em conta. Paulo sabe disso... e confia.

Ademais, ele não estaria nem mesmo em melhores condições para enfrentar as grandes viagens e as grandes fadigas precedentes. A vida intensa e cansativa vivida até aqui e os muitos sofrimentos, além da precariedade de saúde que o acometeu, o debilitaram e envelheceram antes do tempo.

Para fazê-lo permanecer firme, mais do que as forças físicas, foi e continua a ser a confiança naquele que o chamou, e a força invencível do amor e do ideal pelos quais ele se vai desgastando.

No passado, ele tinha pedido várias vezes a Deus que o libertasse, não se sabe bem se da doença ou de alguma situação dolorosa não identificada, mas tinha recebido de Jesus esta resposta: "Basta-te a minha graça; pois a minha força se manifesta melhor na fraqueza".

"Gabar-me-ei das minhas fraquezas, para que se manifeste em mim o poder de Cristo." E tinha acrescentado: "Eu me comprazo nas minhas fraquezas, nos ultrajes, nas dificuldades, nas perseguições, nas angústias sofridas por Cristo. De fato, quando sou fraco, então é que sou forte".

Porque Deus é a sua força e a sua segurança: sempre e em toda parte. "Se Deus é por nós, quem será contra nós?", escrevera ele aos romanos. E aos coríntios:

Esta é a confiança que temos por meio de Cristo, diante de Deus. Não que por nós mesmos sejamos capazes de qualquer coisa que venha de nós, mas a nossa capacidade vem de Deus, o qual nos torna capazes de ser ministros de uma nova aliança, não da letra, mas do Espírito; porque a letra mata, mas o Espírito é que dá vida.

Para Paulo, nada parece demais para corresponder ao amor de Deus e contribuir para o cumprimento do sonho de Deus: que todas as pessoas sejam salvas e venham ao conhecimento da verdade.

Paulo não pertence a si mesmo. Desde o encontro de Damasco, ele pertence unicamente a Deus. A partir de então, ele deixou-se livremente capturar, com alegria e amor crescente. Porque Jesus é todo o Bem, todo o seu Bem. Absoluto! Porque ele conhece Jesus. Ele o viu. E não somente no caminho e Damasco. Ele o viu, o ouviu, ele lhe falou também depois. E a conclusão incontestável é que tudo aquilo que ele era e possuía antes de Damasco, inclusive suas invejáveis prerrogativas humanas, não é nada em comparação a Cristo. É tudo lixo.

O desejo de chegar definitivamente a Jesus, de estar sempre com ele não o abandona jamais.

Chega ao ponto de dizer: "Anseio morrer para estar com Cristo". Mas tem ainda o desejo de continuar a viver para levar ao encontro pessoal com Cristo e ao Pai o maior número possível de irmãos. Porque o acontecimento de Damasco está ligado também à absoluta possibilidade de Paulo servir aos irmãos.

Quando Jesus, ao responder à sua pergunta: "Quem és tu, Senhor?", lhe disse: "Eu sou Jesus, a quem tu persegues", ele ficou literalmente tocado. A partir daquele momento, tinha compreendido com clareza que todo irmão e toda irmã representam Jesus. Portanto, amando a Jesus, ele sentia-se no dever de amar também o próximo, cada pessoa humana, toda a humanidade.

Ele fez-se tudo para todos, consumindo-se e superconsumindo-se para cada um, com a ternura de uma mãe e a firme dedicação de um pai.

Se Cristo não tivesse ressuscitado

O que tornava sofrida a prisão de Paulo era a impossibilidade de exercer em tempo pleno a obra de evangelização. Entretanto, quando ficava livre da guarda e podia comunicar-se com alguém, procurava, em toda ocasião possível, falar do Evangelho de Jesus, seja em particular, seja em público. Sempre. Como em todas as ocasiões em que ele devia falar em sua defesa, especialmente nos últimos encontros em Jerusalém, bem como neste último em Cesareia, diante de Festo, de Agripa e das pessoas de bem da cidade convocadas pelo próprio Festo.

Se Festo o tomara por louco, quando lhe falou da ressurreição, paciência! Isso parecera totalmente ilógico! Ele tivera reação semelhante àquela dos atenienses, anos atrás. Uma pena! Porque esta é a grande verdade da fé cristã. Uma verdade que sustenta todas as outras. E que alimenta nossa esperança do futuro.

Muito convicto dessa verdade, ele tinha já afirmado que seríamos os mais infelizes dos homens, se não houvesse a ressurreição.

Exatamente porque privados de futuro, sem esperança, com uma vida fechada no breve parêntesis do tempo. E tinha escrito aos coríntios:

> Ora, se proclama-se que Cristo ressuscitou dos mortos, como podem alguns dentre vós dizer que não há ressurreição dos mortos? Se não há ressurreição dos mortos, também Cristo não ressuscitou. E se Cristo não ressuscitou, vazia é a nossa pregação, vazia é também a vossa fé. Acontece mesmo que somos falsas testemunhas de Deus, pois atestamos contra Deus que ele ressuscitou a Cristo, quando de fato, não o ressuscitou, se é que os mortos não ressuscitam. Pois se os mortos não ressuscitam, também Cristo não ressuscitou. E, se Cristo não ressuscitou, ilusória é a vossa fé, ainda estais nos vossos pecados. Por conseguinte, aqueles que adormeceram em Cristo estão perdidos. Se temos esperança em Cristo somente para esta vida, somos os mais dignos de compaixão de todos os homens.
> Mas não! Cristo ressuscitou dos mortos, primícias dos que adormeceram. Com efeito, visto que a morte veio por um homem, também por um homem vem a ressurreição dos mortos. Pois assim como todos morrem em Adão, em Cristo todos receberão a vida (1Cor 15,12-22).

Tal afirmação é bem clara, se bem que um tanto repetitiva, pois que devia rebater o conceito, ou melhor, a verdade carregada de esperança e de alegria. Carregada, pois, de futuro.

Onde está, ó morte, a tua vitória?

Entretanto, Paulo constata que há muita resistência em acreditar. Não obstante tenha indicado tantas testemunhas que ainda viviam, que viram Jesus ressuscitado! E vivo! Mas aqueles que tiveram a sorte de acreditar, são bem felizes de poder dizer com fé: Jesus ressuscitou e nós ressuscitaremos!

Oxalá um dia, muitos dos que não creem ou não tiveram ainda a coragem de acreditar, possam dizer: Sim, eu creio.

Entretanto, ele não deixou de perceber que não somente Agripa, mas também Festo e outros dos seus ouvintes ficaram pensativos. Quem sabe a graça do Espírito Santo e o encontro com outras testemunhas conseguirão fazer cair os muros da incredulidade! Paulo tem essa esperança e reza por todos.

Certamente a morte é uma realidade. É evidente! Antes ou depois, essa realidade toca a todos. Também Jesus morreu. Assim se crê, assim se confessa. Ele "morreu pelos nossos pecados, segundo as Escrituras, e foi sepultado"; mas também se diz: "ressuscitou ao terceiro dia, segundo as Escrituras e apareceu a...".

E, no que diz respeito a outras pessoas, Paulo afirma:

É preciso que este corpo corruptível seja revestido de incorruptibilidade e que este corpo mortal se vista de imortalidade. Mas quando este corpo corruptível for revestido de incorruptibilidade, cumprir-se-á a palavra da Escritura:

A morte foi vencida pela vitória.

Onde está, ó morte, a tua vitória?

Onde está, ó morte, o teu aguilhão?

O aguilhão da morte é o pecado e a força do pecado é a lei. Graças se rendam a Deus, que nos dá a vitória por nosso Senhor Jesus Cristo.

Portanto, irmãos caríssimos, sede firmes, inabaláveis, fazei incessantes progressos na obra do Senhor, sabendo que a vossa fadiga não é vã no Senhor (1Cor 15,53-58).

Uma superexperiência

Com todas as fibras do seu ser, Paulo acredita no Evangelho que ele anuncia. E não consegue sequer exprimir, como desejaria, a gratidão e o amor a Deus, do qual e pelo qual ele recebeu e recebe tudo. Como ele desejaria que todos soubessem crer e confiar em Deus!

Ele crê e ama apaixonadamente o seu Deus e Jesus, o Filho dileto. Paulo é um místico! Vive um forte e íntimo contato com o seu Senhor, a ponto de poder dizer, como a verdade mais evidente: "Minha vida está em Cristo" e, mais precisamente: "Não sou eu que vivo, é Cristo que vive em mim". E ainda: "Eu vivo na fé do Filho de Deus que me amou e se entregou por mim" (Gl 2,20).

No máximo de seus sofrimentos, ele tinha dito e pedido que ninguém o importunasse, porque ele trazia em si os estigmas de Cristo, em favor do seu corpo, que é a Igreja.

A partir de Damasco, Paulo tivera vários encontros pessoais e revelações por parte de Jesus. No livro dos Atos, Lucas relata somente alguns, ocorridos no seu ministério de apóstolo. E, já citados, por exemplo, nos primeiros e difíceis tempos de Corinto, Jesus lhe tinha aparecido para dar-lhe segurança, para encorajá-lo: "Não tenhas medo; continua a falar e não te cales, porque eu estou contigo... tenho um povo numeroso nesta cidade".

Em Jerusalém lhe havia dito em carta ocasião: "Apressa-te a sair desta cidade, porque não aceitarão o testemunho a meu respeito... Vai, porque eu te enviarei às nações distantes".

Quando estava preso na fortaleza Antônia, em Jerusalém, Jesus lhe tinha dito: "Coragem! Assim como deste testemunho de mim em Jerusalém, assim também é necessário que dês testemunho de mim em Roma".

Mas Paulo não gostava de falar dessas coisas, a não ser que fosse útil para o apostolado. Exatamente por causa disso, para defender-se das calúnias que contestavam sua qualidade de apóstolo, é que ele se declara apóstolo de Jesus Cristo, por vontade de Deus.

Afirmou, além disso, que tinha enfrentado gravíssimos sofrimentos no exercício de sua missão; enfim, não sem fadigas, e falando em terceira pessoa, em breves palavras contou sobre sua experiência do céu.

> É preciso gloriar-se? Por certo, não convém. Todavia, mencionarei as visões e revelações do Senhor. Conheço um homem em Cristo que há catorze anos foi arrebatado ao terceiro

céu – se em seu corpo, não sei; se fora do corpo, também não sei: Deus o sabe! E sei que esse homem – se no corpo, não sei. Deus o sabe! – foi arrebatado até o paraíso, e ouviu palavras inefáveis, que não é lícito ao homem repetir. No tocante a esse homem, eu me gloriarei. Mas no tocante a mim, só me gloriarei das minhas fraquezas. Se quisesse gloriar-me, não seria louco, pois só diria a verdade. Mas não o faço, a fim de que ninguém tenha, a meu respeito, conceito superior àquilo que vê em mim ou me ouve dizer (2Cor 12,1-6).

CAPÍTULO 7

CESAREIA-ROMA – QUARTA VIAGEM?

A viagem rumo à capital do Império

Quando Paulo desembarcou na Itália, estava próximo o inverno do ano 60/61.

Desde o seu encontro com Jesus em Damasco, que tinha dado uma reviravolta em sua vida, tinham-se já passado vinte e dois anos. Vinte e dois anos de fadigas e de lutas e de provas de todo gênero. Mas também, vinte e dois anos de indizível satisfação por ter levado Jesus a uma multidão de irmãos pobres e ricos, nobres e escravos, homens, mulheres e crianças, gregos e romanos, bárbaros e também numerosos compatriotas.

Se bem que a maior parte deles, embora não tenha dado o braço a torcer, mas sem o peso das subtilezas da lei, vive de modo exemplar.

Paulo carrega no coração a grande multidão de irmãos crentes, e sente-se de alguma forma envolvido nas suas situações de alegria, de esperança e de tribulações. Reza por todos e entrega-os todos ao seu amado Senhor. É por ele e com ele, e na força do Espírito Santo, que ele prosseguiu com segurança, também nas longas horas da vida em que Jesus lhe parecia distante, e ele se sentia como que envolvido pela escuridão, sem ver luz alguma.

Também agora, não obstante essa penosa sensação, Paulo tinha certeza de que o Pai o guiava e o fortalecia nas fadigas que tinha de enfrentar para colaborar no cumprimento de seu sonho de amor.

Na viagem para Roma, talvez tenha sentido certo desânimo ante o desconhecido que o aguardava. Partilham dessa viagem, com ele, Aristarco e sobretudo Lucas, o amigo e médico, que redige o diário que ele incluirá no livro dos Atos dos Apóstolos. Lucas escreve:

Subimos a bordo de um navio de Adramítio que ia partir para as costas da Ásia, e zarpamos. Estavam conosco Aristarco, macedônio de Tessalônica. No dia seguinte, aportamos em Sidônica. Tratando Paulo com humanidade, Júlio (o comandante) permitiu-lhe ver os amigos e receber deles assistência. Partindo dali, navegamos rente à ilha de Chipre, por serem contrários os ventos. A seguir, tendo atravessado o mar ao longo da Cilícia e da Panfília, desembarcamos em Mira, na Lícia, ao fim de quinze dias. Ali encontrou o centurião um navio alexandrino de partida para a Itália, e para ele nos transferiu.

Durante vários dias navegamos lentamente, chegando com dificuldade à altura de Cnido. O vento, porém, não nos permitiu aportar. Velejamos rente a Creta, junto ao cabo de Salmone, e, costeando com dificuldade, chegamos a um lugar chamado Bons Portos, perto do qual está a cidade de Lasaia (At 27,2-8).

Uma navegação de grande risco

É sempre Lucas quem continua a narrativa no livro dos Atos dos Apóstolos:

Tendo transcorrido muito tempo, a navegação já se tornava perigosa, também porque já tinha passado a festa da Expiação. Paulo então tentou adverti-los: "Amigos, vejo que a viagem está em vias de consumar-se com muito dano e prejuízo, não só da carga e do navio, mas também de nossas vidas". O centurião, porém, deu mais crédito ao piloto e ao armador do que ao que Paulo dizia. O porto, aliás, não era próprio para se invernar. A maioria, porém, foi de opinião que se devia zarpar dali, para ver se poderiam chegar a Fênix. Este é um porto de Creta, ao abrigo dos ventos sudoeste e noroeste. Ali poderiam passar o inverno.

Tendo soprado brandamente o vento sul, pensaram ter alcançado o que pretendiam: levantaram âncora e puseram-se a costear Creta mais de perto. Não muito depois, desencadeou-se na ilha um vento em turbilhão, chamado Euroaquilão. O navio foi arrastado violentamente, incapaz de resistir ao vento; ficamos então à deriva. Passando rente a uma ilhota, chamada Cauda, com dificuldade conseguimos recolher o escaler. Após tê-lo içado, os tripulantes usaram de recursos de emergência, cingindo o navio com cabos. Contudo, temendo encalhar na Sirte, soltaram a âncora flutuante, e assim deixaram-se derivar. No dia seguinte, como fôssemos fortemente batidos pela tempestade, começaram a alijar a carga. No terceiro dia, com as próprias mãos, lançaram ao mar até os apetrechos do navio. Passaram-se vários dias, e a tempestade mantinha sua violência não pequena. Afinal, nem sol nem estrelas haviam aparecido, e por isso dissipava-se toda esperança de nos salvarmos.

Havia muito tempo que não tomávamos alimento. Então Paulo, de pé no meio deles, assim falou: "Amigos, teria sido melhor terem-me escutado e não sair de Creta, para sermos poupados deste perigo e prejuízo. Apesar de tudo, porém, exorto-vos a que tenhais ânimo; não haverá perda de vida alguma dentre vós, a não ser a perda do navio. Pois esta noite apareceu-me um anjo do Deus ao qual pertenço e a quem adoro, o qual me disse: 'Não temas, Paulo. Tu deves comparecer perante César, e Deus te concede a vida e a de todos os que navegam contigo'. Por isso, reanimai-vos, amigos! Confio em Deus que as coisas correrão segundo o que me foi dito. É preciso, porém, que sejamos arremessados a uma ilha".

Quando chegou a décima quarta noite, continuando nós a sermos batidos de um lado para outro no Adriático, pela meia-noite os marinheiros perceberam que se aproximava alguma terra. Lançaram então a sonda e deu vinte braças; avançando mais um pouco, lançaram novamente a sonda e deu quinze braças. Receosos que fôssemos dar em escolhos, soltaram da popa quatro âncoras, desejando que rompesse o dia.

Entretanto, os marinheiros tentaram fugir do navio; desceram, pois, o escaler ao mar, a pretexto de irem largar as âncoras da proa. Mas Paulo disse ao centurião e aos soldados: "Se eles não permanecerem a bordo, não podereis salvar-vos". Então os soldados cortaram as cordas do escaler e deixaram-no cair.

À espera de que o dia raiasse, Paulo insistia com todos para que tomassem alimento. E dizia: "Hoje é o décimo quarto dia em que, na expectativa, ficais em jejum, sem nada comer. Por isso peço que vos alimenteis, pois é necessário para a vossa saúde. Ora, não se perderá um só cabelo da cabeça de nenhum de vós". Tendo dito isto, tomou o pão, deu graças a Deus diante de todos, partiu-o e pôs-se a comer. Então, reanimando-se todos, também eles tomaram alimento. Éramos no navio, ao todo, duzentas e sessenta e seis pessoas. Tendo-se alimentado fartamente, puseram-se a aliviar o navio, atirando o trigo ao mar.

Quando amanheceu, os tripulantes não reconheceram a terra. Divisando, porém, uma enseada com uma praia, consultaram entre si, a ver se poderiam impelir o navio para lá. Desprenderam então as âncoras, entregando o navio ao movimento do mar. Ao mesmo tempo, soltaram as amarras dos lemes e, içando ao vento a vela da proa, dirigiram o navio para a praia. Mas tendo-se embatido num banco de areia, entre duas correntes de água, o navio encalhou. A proa ficou encravada, imóvel, enquanto a popa começou a desconjuntar-se pela violência das ondas.

Veio então aos soldados o pensamento de matar os prisioneiros, para evitar que alguns deles fugisse a nado. Mas o centurião, querendo preservar Paulo, opôs-se a esse desígnio. E mandou, aos que sabiam nadar, que saltassem primeiro e alcançassem terra. Quanto aos outros, que os seguissem, agarrados a pranchas, ou sobre quaisquer destroços do navio. Foi assim que todos chegaram, sãos e salvos, em terra" (At 27).

Salvos, na ilha de Malta

É quase um milagre que todos tenham chegado salvos em terra. A ilha que os acolheu é Malta. E seus habitantes são gentis e hospitaleiros. Socorrem os náufragos e acendem uma imensa fogueira para que se aqueçam e se enxuguem.

Enquanto Paulo apanha lenha para alimentar o fogo, uma víbora morde-o na mão. "É o fim dele!" – pensam os ilhéus, que julgam esse fato uma punição do céu por algum crime por ele cometido.

Mas Paulo sacode a mão e deixa a víbora cair no fogo, entre o estupor dos presentes, os quais mudam totalmente de opinião. Não um assassino, mas um ser superior é este aí. E cresce sua admiração por ele.

Paulo não é um deus, mas sente o anseio de apresentar-se como um enviado de Deus, do verdadeiro Deus. E fala a esse povo, bem-disposto, das grandes coisas feitas por Deus também em favor deles.

Sua permanência na ilha prolonga-se por todo o inverno. E não somente a população, mas o mesmo Público, governador de Malta, se interessa por Paulo e lhe oferece hospedagem por alguns dias no seu palácio. Quando Paulo soube que o pai de Público estava doente, foi visitá-lo; e, depois de ter orado por ele, impôs-lhe as mãos e o curou-o. Então, todos os habitantes da ilha, acometidos por alguma doença, vinham a Paulo a fim de obter a cura de Deus.

Quando o inverno passou, retomaram viagem rumo à Itália, num navio de Alexandria, que tinha hibernado na ilha de Malta. Os malteses, com muita cordialidade, saudaram os náufragos e lhes forneceram o necessário para a viagem.

De Malta, a navegação prosseguiu tranquila, favorecida por um bom vento do sul. Após uma primeira etapa de três dias em Siracusa, prosseguiu-se por Régio e, enfim, atracaram em Putéoli, o porto de Nápolis. Ali foram cordialmente recebidos por um grupo de cristãos, que os convidaram a permanecer com eles. Lucas precisa: "Tivemos a consolação de permanecer com eles por sete dias".

Roma, centro do mundo antigo

A partir de Putéoli até Roma, a viagem prosseguiu a pé, ao longo da via Ápia. Difícil imaginar os sentimentos que tomaram conta do coração de Paulo. Ele não sabe o que lhe acontecerá em Roma. Agora ele está chegando com correntes e sob escolta. De uma coisa ele está certo: Deus não se esqueceu dele.

Mas foi consolado por uma delegação de cristãos que, informados de sua chegada, foram-lhe ao encontro até o Fórum de Ápia e Três Tabernas. Ao vê-los, Paulo se alegra, retoma coragem e agradece a Deus.

Eis finalmente Roma, belíssima entre as cidades! Paulo sempre a considerara como o centro ideal para a irradiação do Evangelho. Se todos os caminhos conduzem a Roma, assim também, de Roma, todos os caminhos podem conduzir cada um para as maravilhas de Deus.

Ele tem grande estima pelos romanos. Na carta a eles dirigida de Corinto, voltara-se a eles como chamados por Jesus Cristo, amados de Deus e santos por vocação. E tinha escrito:

> Em primeiro lugar, dou graças ao meu Deus, mediante Jesus Cristo, por todos vós, porque vossa fé é celebrada em todo o mundo. Deus é testemunha, a quem presto um culto espiritual, anunciando o Evangelho de seu Filho, de como me lembro de vós. E peço continuamente em minhas orações que, de algum modo, com o beneplácito de Deus, se me apresente uma oportunidade de ir ter convosco. Realmente, desejo muito vos ver, para vos comunicar algum dom espiritual, que os possa confirmar, ou melhor, para nos confortar convosco pela fé que nos é comum a vós e a mim. E não escondo, irmãos, que muitas vezes me propus ir ter convosco – e fui impedido até agora – para colher algum fruto também entre vós, como entre as outras nações (Rm 1,8-13).

Paulo sonhava chegar aos romanos, mas não entre cadeias... O seu antigo desejo era o de chegar a Roma como homem livre, com possibilidade de locomover-se, de andar, de anunciar a mãos cheias o Evangelho não só aos romanos, mas também aos habitantes da Espanha, região situada nos limites do Império, e aos confins do mundo inteiro.

Na prisão domiciliar

Chegado a Roma, Paulo pôde alugar uma modesta habitação na cidade, "sob custódia". À espera do julgamento, vive com um soldado de guarda. Na prática, é uma prisão domiciliar, mas pôde dispor de uma notável autonomia de movimentação.

Paulo deseja encontrar seus compatriotas, que estão sempre no seu pensamento. Assim, apenas três dias depois de ter chegado, manda chamar as pessoas mais importantes, e lhes comunica que, sem ter feito nada contra o povo, foi preso em Jerusalém e entregue aos romanos. "Estes", diz ele,

> após ter-me interrogado, queriam libertar-me, não tendo encontrado em mim culpa alguma que fosse digna de morte. Mas dado que os judeus se opunham, fui constrangido a apelar para César, sem entender, com isso mover acusação alguma à minha gente. Eis por que eu vos chamei: para ver-vos e falar-vos, porque é por causa da esperança de Israel que eu estou preso com estas correntes.

E eles lhe afirmaram: "Nós não recebemos carta alguma da Galileia a teu respeito, nem os irmãos vieram falar mal de ti. Parece-nos bem, entretanto, ouvir aquilo que tu pensas sobre essa seita; de fato, sabemos que ela encontra oposição em toda parte".

Desse modo, Paulo marca com eles um próximo encontro. Na data estabelecida, Paulo fala longamente de Jesus, demonstrando, através das Escrituras, que é exatamente Jesus o esperado de Israel. Contudo, também aqui Paulo se desilude pelo fechamento dos seus conterrâneos. Somente uns poucos se persuadiram daquilo que ele anunciara.

A maior parte deles se opõe com resistência e vai embora, deixando Paulo profundamente amargurado. Ao contrário, muitos pagãos que vão até ele, a fim de escutá-lo, aderem com interesse à mensagem do Evangelho, como a bela notícia a ser acolhida e vivida.

Aqueles da casa de César

Lucas interrompe a narrativa sobre Paulo, e limita-se a dizer que ele transcorreu dois anos inteiros na casa de aluguel, onde acolhia todos aqueles que iam a ele; e que lhes anunciava o Reino de Deus e os ensinava as coisas relativas ao Senhor Jesus, com toda franqueza e sem impedimento.

Mesmo prisioneiro, Paulo não perde ocasião alguma de falar de Cristo, a fim de ajudar os irmãos a encontrá-lo pessoalmente na profundidade do próprio coração e na concretude da sua existência individual, comunitária e social.

Não somente ele anuncia o Evangelho àqueles que vão propositadamente a ele, mas suscita interesse também naqueles que vivem ao seu lado, a começar pelos próprios soldados pretorianos, os quais, alternando-se no seu trabalho de custódia pessoal, podem dialogar com ele e receber a mensagem; e estes, por sua vez, a transmitem a outros.

Por isso, escreve aos filipenses e lhes diz:

Desejo que saibais, irmãos, como os acontecimentos a meu respeito concorrem muitas vezes para o progresso do Evangelho, de modo que, no palácio do pretório e por toda parte, sabe-se que eu sou prisioneiro por causa de Cristo. De tal modo que, a maior parte dos irmãos no Senhor, encorajados pelas minhas prisões, têm maior coragem ainda de anunciar a Palavra, sem temor.

Nessa mesma carta, ao transmitir as saudações, acrescenta: "Saúdam-vos todos os santos, sobretudo aqueles da casa de César".

Aqueles da casa de César podem ser exatamente os militares encarregados da sua custódia, mas poderiam ser também outras pessoas do pretório, interessadas na boa notícia de Jesus.

Dá o que pensar também a conclusão dos Atos, em que Paulo afirma que anuncia o Reino de Deus com toda franqueza e sem impedimento. De resto, ainda não se desencadeou em Roma a perseguição contra os cristãos.

Outras notícias sobre Paulo, relativas a esse período de prisão em Roma (61-63), se obtêm quase que unicamente das cartas dirigidas às igrejas dos Efésios, aos filipenses, aos colossenses e ao amigo Filêmon.

Tende os mesmos sentimentos de Cristo

Paulo é ligado de modo particular à igreja de Filipos. É a primeira igreja fundada por ele na Europa, e sempre teve, de sua parte, atenções especiais. Foi esta que o atendeu sempre em suas necessidades especiais. Também aqui, em Roma, os filipenses marcaram presença, enviando-lhe Epafrodito para assisti-lo e ajudá-lo. A Epafrodito Paulo chama carinhosamente de meu irmão e meu companheiro de trabalho e de lutas, o qual tinha ficado doente tão gravemente, que se temia pela sua vida. E isso causou muito sofrimento a Paulo. Mas, depois de ter sarado, Paulo decidiu mandá-lo de volta a Filipos, com solicitude, para que todos pudessem se alegrar ao vê-lo curado.

É por ocasião da volta de Epafrodito que Paulo escreve a carta, recomendando, entre outras coisas, que o acolham com alegria e que tenham grande estima a pessoas como ele, que tinha desafiado a morte por causa de Cristo. Essa Carta aos Filipenses caracteriza-se por um grande afeto, gratidão e alegria de Paulo.

Ele diz: "Rezo sempre com grande alegria por todos vós, porque tendes colaborado com o Evangelho desde o primeiro dia até agora".

A carta traz, porém, um forte apelo ao amor recíproco, que deve superar toda forma de antagonismo. E pede aos filipenses que tornem perfeita a sua alegria, imitando o próprio Jesus.

Tende em vós o mesmo sentimento de Cristo Jesus: Ele tinha a condição divina, e não considerou ser igual a Deus como algo a que se apegar ciosamente. Mas esvaziou-se a si mesmo, e assumiu a condição de servo, tomando a semelhança humana. E, achado em figura de homem, humilhou-se, e foi obediente até a morte e morte de cruz! (Fl 2,5-8).

A fim de compreender o sentido profundo das palavras de Paulo sobre a morte de Jesus sobre a cruz, é útil refletir nas palavras de Maria Pia Giudici:

> A cruz não era apenas um sacrifício horrível. Aos olhos dos judeus, era também sinal tangível da maldição de Deus (Dt 21,23), do seu definitivo juízo de condenação, como que confirmada a decisão de total separação dele.
>
> Sujeitando-se a isso, Jesus substitui-se a nós, assumindo nele mesmo o horror do nosso pecado. Produzia-se, assim, nele uma dilaceração profunda; irresistivelmente atraído para o Pai, com o qual vivia em perfeita unidade, e, ao mesmo tempo, violentamente separado dele pela sua solidariedade com os pecadores.
>
> Nessa dor desumana, ele chegou a experimentar o tremendo abandono de Deus, referido pelos evangelistas e subentendido na ideia de maldição, referida por Paulo. Não se tratava de uma ferida externa; ele era dilacerado no seu próprio ser de Deus e homem, um arrancá-lo do Pai e do Espírito Santo. E, ao mesmo tempo, verdadeiro homem. Sobre a cruz, mais ainda que o seu corpo, era o seu ser profundo que agonizava. Um abismo de amargura e de dor, que não podemos nem sequer imaginar, e cuja morte física era uma palidíssima e longíssima manifestação.[1]

---

[1] M. P. Giudici, in *Amici e servitori della Parola*, 8 ottobre 2010.

Mas é exatamente da cruz de Jesus que surge a vida e a glória. Por isso, Paulo acrescenta:

Por isso Deus o sobre-exaltou grandemente e o agraciou com o nome que é sobre todo nome, para que, ao nome de Jesus, se dobre todo o joelho dos seres celestes, dos terrestres e dos que vivem sob a terra, e para a glória de Deus, o Pai, toda a língua confesse: Jesus é o Senhor (Fl 2,9-11).

Jesus é o Senhor, eis o motivo de alegria profunda para aquele que crê. Paulo lança este convite aos filipenses: "Estai sempre alegres no Senhor. Eu vos repito: Alegrai-vos! A vossa amabilidade seja conhecida de todos. O Senhor está perto. Não vos preocupeis com nada. E a paz de Deus, que supera todo entendimento, guardará os vossos corações e os vossos membros".

Paulo convida-os a uma largueza de mentalidade, voltada para toda realidade que tenha valor: "Tudo aquilo que é bom, tudo aquilo que é verdadeiro, tudo aquilo que é nobre, que é puro, que é amável e honroso, tudo aquilo que é virtude e que merece louvor, tudo isso seja objeto de vossos pensamentos" (Fl 4,4-8).

Bendito seja Deus, Pai de nosso Senhor Jesus Cristo

Na Carta aos Efésios, após uma rápida saudação, Paulo eleva um hino de bênções de Deus. Tais motivos de bênção são ilimitados. É o Pai que, antes de tudo, nos abençoou com toda sorte de bênçãos em Jesus. Nele, nos escolheu ainda antes de criar o mundo. Nele, ele nos salvou pelo seu sangue. Nele quis reunir todas as coisas, as do céu e as da terra. E, por meio dele, nos concedeu o sigilo do Espírito, garantia de nossa bem-aventurada herança.

O assunto principal desta carta é o grande desígnio e sonho de Deus, o mistério de salvação universal, que se realizou em Cristo, por meio dos apóstolos. Paulo escreve:

> A mim, o menor de todos os santos, me foi dada esta graça de anunciar aos gentios a insondável riqueza de Cristo e de pôr à luz a dispensação do mistério oculto desde os séculos em Deus, criador de todas as coisas, para dar agora a conhecer aos principados e às autoridades nas regiões celestes, por meio da Igreja, a multiforme sabedoria de Deus, segundo o desígnio preestabelecido desde a eternidade e realizado em Cristo Jesus, nosso Senhor, por quem ousamos nos aproximar com toda confiança pelo caminho da fé em Cristo (Ef 3,8-12).

Jesus é aquele que reconcilia consigo judeus e pagãos, por meio da cruz. Dessa forma, os pagãos não são nem estrangeiros nem hóspedes, mas concidadãos dos santos e familiares de Deus.

Comovido pelo mistério de amor e de misericórdia de Deus, Paulo confessa:

> Por essa razão, eu dobro os joelhos diante do Pai – de quem toma o nome toda família no céu e na terra – para pedir-lhe que conceda, segundo a riqueza de sua glória, que vós sejais fortalecidos em poder pelo seu Espírito no homem interior. Que Cristo habite pela fé em vossos corações e que

sejais arraigados e fundados no amor. Assim tereis condições para compreender com todos os santos qual é a largura e o comprimento e a altura e a profundidade e conhecer o amor de Cristo, que excede todo conhecimento, para que sejais plenificados com toda a plenitude de Deus.

E conclui: "Aquele, cujo poder, agindo em nós, é capaz de fazer muito além de tudo o que podemos pedir ou conceber, a ele seja a glória na Igreja e em Cristo Jesus, por todas as gerações dos séculos dos séculos! Amém (Ef 3,14-21).

A cada um ele pede que corresponda de maneira digna à própria vocação, com humildade, doçura e magnanimidade, procurando suportar-se reciprocamente no amor, tendo em vista conservar a unidade do espírito por meio do vínculo da paz. E exorta a todos e a cada um que conduzam uma vida nova em Cristo, segundo a situação específica em que cada um se encontra: como esposo ou pai ou filho, escravo ou patrão, na consciência de que diante do Senhor não existe distinção de pessoas.

Como em todas as demais cartas da prisão, Paulo recorda também o seu estado de prisioneiro por Cristo. E diz: "Rezai por mim, a fim de que, quando eu abrir a boca, me seja dada a palavra, para fazer conhecer com sinceridade o mistério do Evangelho, do qual sou prisioneiro e embaixador".

Cristo é a realidade

Também aos fiéis de Colossos, cidade não distante de Éfeso, Paulo escreve uma carta importante. Talvez ele não conheça pessoalmente a comunidade, dado que esta foi evangelizada por Epafras, um fervoroso cristão que ele tinha convertido em Éfeso.

No momento é Epafras que está em Roma com Paulo. Talvez tenha vindo para assisti-lo ou apenas para visitá-lo. Pelo tom da carta, parece que Epafras esteja preocupado por causa de algumas ideias espalhadas entre os colossenses. Essas ideias ofuscam a pessoa eminente de Jesus Cristo. Paulo diz que Epafras "não desiste de lutar por vós, a fim de que sejais sólidos, perfeitos e de acordo com o querer de Deus. Eu dou testemunho de que ele muito faz por vós e por aqueles de Laodiceia e de Jerápolis" (Ef 4,12-13).

Paulo confessa que ele também sustenta uma luta, em relação a eles e aos de Laodiceia e a todos aqueles que não o conheceram pessoalmente. A luta que Epafras e ele sustentam talvez se refira ao perigo de desistência a que os efésios estão ameaçados quanto à sã doutrina?

De fato, Paulo lhes recomenda que não se deixem desviar por falsas propostas com ordens e proibições particulares, porque tudo aquilo é imaginação. A realidade é Cristo.

Na carta, ele sustenta o primado absoluto de Cristo: "Porque Cristo é a imagem do Deus invisível. Por ele foram criadas todas as coisas, e todas subsistem nele. Ele é a cabeça do corpo da Igreja. O Pai nos livrou do poder das trevas e nos transferiu para o reino de Cristo, o Filho do seu amor".

Ele convida os colossenses a erguer o olhar para Jesus Cristo, que vive na glória.

"Se ressuscitastes com Cristo, buscai as coisas lá de cima, e não aquelas da terra. De fato, vós estais mortos e vossa vida está escondida com Cristo em Deus" (Ef 3,1-3).

Sois ressuscitados! Paulo entrevê, já no hoje, aquilo que será cumprido amanhã, na eternidade.

Pelas saudações que ele coloca na Carta aos Colossenses, podemos saber quais os seus amigos e colaboradores que se encontram com ele, em Roma. Além de Timóteo, com o qual ele escreve, e Epafras, concidadão dos colossenses, está também Aristarco, que viajou com Paulo de Cesareia até Roma. Também está Marcos, primo de Barnabé, já de bem com Paulo e que escreverá para os romanos o segundo Evangelho. Recomenda que se dê bom acolhimento a Marcos, quando este for a eles. Finalmente, Paulo nomeia um certo Jesus, chamado Justo. Paulo diz que estes estão entre os poucos judeus que colaboraram com ele e que o confortam.

A carta é finalizada de forma insólita, com a certificação de que a assinatura é de Paulo. "A saudação é do meu próprio punho, Paulo."

Quanto ao que se refere a dar notícia de sua situação, Paulo encarregou Tíquico, seu colaborador, que está para retornar da Ásia. E diz diretamente: "Eu o envio para que conheçais nossa condição e para que leve conforto aos vossos corações. Com ele virá também Onésimo, fiel e caríssimo irmão, que é dos vossos. Eles vos darão notícias de todas as coisas daqui! (Cl 4,7-9).

Tíquico é encarregado de levar, além da Carta aos Colossenses, aquela escrita aos efésios.

Acolhe-o como a mim mesmo

Onésimo, que volta à pátria com Tíquico, é um escravo fugitivo de seu patrão, e que Paulo encontrou em Roma. Depois de ter conhecido Paulo, Onésimo converteu-se ao Senhor.

Paulo manda-o de volta para o seu senhor, Filêmon, de Colossos, seu amigo e colaborador, que costuma acolhê-lo em sua casa, uma igreja doméstica da cidade. Paulo aproveita a ocasião para escrever ao amigo uma carta breve e comovente, pedindo-lhe que acolha Onésimo como ao próprio Paulo. Trata-se de uma carta breve e não ditada, mas escrita inteiramente por Paulo. Eis o texto:

Paulo, prisioneiro de Cristo Jesus, e o irmão Timóteo, a Filêmon, nosso muito amado colaborador, à nossa irmã Ápia, ao nosso companheiro de armas Arquipo, e à Igreja que se reúne na tua casa. Graça e paz a vós, da parte de Deus nosso Pai e do Senhor Jesus Cristo.

Dou sempre graças ao meu Deus, lembrando-me de ti em minhas orações, porque ouço falar do teu amor e da fé que te anima em relação ao Senhor Jesus e para com todos os santos.

Possa tua generosidade, inspirada pela fé, tornar-se eficaz pelo conhecimento de todo bem que nos é dado realizar por

Cristo. De fato, tive grande alegria e consolação por causa do teu amor, pois graças a ti, irmão, foram reconfortados os corações dos santos.

Por isso, tendo embora toda liberdade em Cristo de te ordenar o que convém, prefiro pedir por amor. É na qualidade de Paulo, velho, e agora também prisioneiro de Cristo, que venho suplicar em favor de meu filho Onésimo, que gerei na prisão. Outrora ele te foi inútil, mas doravante será muito útil a ti, como se tornou para mim. Mando-o de volta a ti; ele é como se fosse o meu próprio coração. Eu queria segurá-lo comigo, para que, em teu nome, ele me servisse nesta prisão que me valeu a pregação do Evangelho. Entretanto, nada quis fazer sem o teu consentimento, para que tua boa ação não fosse como que forçada, mas espontânea.

Talvez ele tenha sido retirado de ti por um pouco de tempo, a fim de que o recuperasses para sempre, não mais como escravo, mas bem melhor do que como escravo, como irmão amado: muitíssimo para mim e tanto mais para ti, segundo a carne e segundo o Senhor.

Portanto, se me consideras teu amigo, recebe-o como se fosse a mim mesmo. E se ele te deu algum prejuízo ou te deve alguma coisa, põe isso na minha conta. Eu, Paulo, escrevo de meu punho, eu pagarei... para não dizer que também tu és devedor de ti mesmo a mim!

Sim, irmão, eu quisera mesmo abusar de tua bondade no Senhor! Dá este conforto a meu coração em Cristo.

Eu te escrevo certo da tua obediência e sabendo que farás ainda mais do que te peço. Ao mesmo tempo, prepara-me também um alojamento, porque, graças às vossas orações, espero que vos serei restituído.

Saudações de Epafras, meu companheiro de prisão em Cristo Jesus, de Marcos, Aristarco, Demas e Lucas, meus colaboradores. A graça do Senhor Jesus Cristo esteja com o vosso espírito.

EPÍLOGO

Após dois anos vividos como prisioneiro em Roma, Paulo retoma a liberdade.

Não se sabe se os seus acusadores se tenham apresentado ou não ao processo. Mas pode-se supor que Paulo tenha sido absolvido de modo pleno. Talvez tenha sido reconhecido que ele não tinha influência negativa alguma. Ou que as razões aduzidas pelos seus acusadores não tivessem fundamento algum. É possível também que a sentença do governador Festo e a carta de acompanhamento do centurião de Jerusalém tenham sido perdidas com a nave que naufragara perto de Malta. De modo que, quaisquer que tenham sido as acusações contra Paulo, junto àqueles que tiveram ocasião de estarem perto dele – como o centurião Júlio, ao qual tinha sido confiada a responsabilidade de conduzi-lo até Roma; os soldados do pretório, que se alternaram na guarda de Paulo –, pode-se concluir que essa relação tenha sido favorável.

E depois disso, o que sucedeu a Paulo?

Nos anos 63 a 67, após a libertação de Paulo, as notícias sobre ele são poucas e incertas. É possível que ele tenha ido até a Espanha, a fim de realizar o projeto manifestado aos romanos, aos quais ele escrevera: "Espero ter a vossa ajuda a fim de ir àquelas regiões". Clemente Romano, numa carta escrita alguns decênios mais tarde após a morte de Paulo, afirma que ele foi o arauto de Cristo do Oriente até o extremo Ocidente; isso deixa supor que ele tenha evangelizado a Espanha, que então era considerada extremo Ocidente.

Antes ou depois da eventual viagem à Espanha, Paulo deve ter permanecido em Roma por algum tempo a fim de desfrutar, finalmente, da liberdade, da presença dos romanos e comunicar-lhes algum dom espiritual. Ele havia escrito: "... a fim de que sejais fortalecidos, ou melhor, para estar no meio de vós a fim de vos comunicar, pela fé que temos em comum, eu e vós...".

No ano 64 desencadeia-se em Roma um incêndio que destruiu boa parte da cidade. Nero, autor do incêndio, tinha intenção de edificar uma cidade mais moderna, e, para desviar as suspeitas sobre si, acusou os cristãos. Esse fato desencadeou dura perseguição contra eles. Talvez, durante essa ocasião, Paulo tenha deixado Roma e se dirigido às igrejas da Ásia e da Macedônia. Muito provavelmente ele tenha também evangelizado a ilha de Creta, junto com Tito, a quem ele deixa responsável por essa igreja. Com Timóteo, ele vai a Éfeso, confiando depois essas igrejas aos cuidados da própria igreja local.

Às outras comunidades ou igrejas da província da Ásia, ele terá chegado até elas, vindo de Éfeso. Em Colossos ele terá parado, junto do seu amigo Filêmon, ao qual ele tinha escrito de Roma: "Prepara-me uma hospedagem, porque espero, graças às vossas orações, ser-vos restituído". Essas notícias podem-se presumir principalmente das cartas de Paulo.

As cartas pastorais a seus verdadeiros filhos

Paulo escreve também aos seus fidelíssimos discípulos e colaboradores Timóteo e Tito, que ele chama carinhosamente e com acentos especiais de *verdadeiros filhos*. Quanto a Timóteo, que se encontra em Éfeso, ele diz: "Escrevo-te com a esperança de ir logo ter contigo"; e recomenda a Tito, que está em Creta: "Quando eu te tiver enviado Ártema ou Tíquico, procura vir imediatamente a mim, em Nicópolis".

Estas são chamadas de *Cartas pastorais*, porque são caracterizadas pela preocupação de ajudar dois discípulos enquanto *pastores*, ou seja, responsáveis pelas respectivas igrejas.

Aos dois, Paulo dá orientações sobre o modo de viver deles mesmos e como comportar-se com os fiéis, particularmente com os diáconos, os presbíteros e os bispos, os quais devem ser escolhidos com cuidado e possuir determinados requisitos, a fim de poderem dirigir dignamente a comunidade.

Ele recomenda fortemente, a estes seus *verdadeiros filhos*, vigiarem em defesa do Evangelho, ameaçado por doutrinas perversas.

O Espírito me diz abertamente que nos últimos tempos alguns se afastarão da fé, dando atenção a espíritos enganadores e a doutrinas diabólicas, por causa da hipocrisia dos impostores, já marcados pelo fogo na sua consciência: gente que proíbe o matrimônio e impõe que se abstenham de alguns alimentos, que Deus criou para que os fiéis, e quantos conhecem a verdade, os comam, dando graças. De fato, toda a criação de Deus é boa, e nada deve ser recusado, se tomado com ânimo agradecido (Tm 4,1-3).

E a Tito ele escreve:

Há muito insubmissos, verbosos e enganadores, especialmente o partido da circuncisão, aos quais é preciso calar, pois pervertem famílias inteiras, e com objetivo de lucro ilícito, ensinam o que não têm direito de ensinar. Um dos seus próprios profetas disse: "Os cretenses são sempre mentirosos, animais ferozes, comilões, vadios". Esse testemunho é verdadeiro; repreende-os, portanto, severamente, para que sejam sãos na fé, e não fiquem dando ouvidos a fábulas judaicas ou a mandamentos de homens desviados da verdade. Para os puros, todas as coisas são puras, mas para os impuros e descrentes, nada é puro: tanto a mente como a consciência deles estão corrompidas... Tu, porém, ensina aquilo que é conforme a sã doutrina (Tt 1,10-13).

Como Jesus veio salvar os pecadores

Na Carta a Tito, há, porém, uma nota de alegria:

Com efeito, a graça de Deus se manifestou para a salvação de todos os homens. Ela nos ensina a abandonar a impiedade e as paixões mundanas, e a viver neste mundo com autodomínio, justiça e piedade, aguardando a nossa bendita esperança, a manifestação da glória do nosso grande Deus e Salvador, Cristo Jesus, o qual se entregou a si mesmo por nós, para remir-nos de toda iniquidade, e para purificar um povo que lhe pertence, zeloso pelas belas obras (Tt 2,11-14).

Paulo confessa com humildade a Timóteo:

Fiel é esta palavra e digna de toda aceitação: Cristo Jesus veio ao mundo para salvar os pecadores, dos quais eu sou o primeiro. Se me foi feita misericórdia, foi, para que em mim, primeiro, Cristo demonstrasse toda a sua longanimidade, como exemplo para quantos nele hão de crer para a vida eterna (Tm 1,15-16).

Entre as recomendações de Paulo, é notória a insistência sobre o correto empenho que os cristãos devem ter como cidadãos do mundo, ainda que voltados para a Pátria, que está para além do tempo terreno. A Tito ele escreve: "Lembra-lhes que devem ser submissos aos magistrados e às autoridades, que devem ser obedientes e estar sempre prontos para qualquer trabalho honesto, que não devem difamar a ninguém, nem andar brigando, mas sejam cavalheiros e delicados para com todos" (Tt 3,1-2).

Ele exorta Timóteo:

Recomendo, pois, antes de tudo, que se façam pedidos e orações, súplicas e ações de graças por todos os homens, pelos reis e por todos os que detêm autoridade, a fim de que levemos uma vida calma e serena, com toda piedade e dignidade. Eis o que é bom e aceitável diante de Deus, nosso Salvador, que quer que todos os homens sejam salvos e cheguem ao conhecimento da verdade (Tm 2,1-4).

De Roma, a última carta de Paulo

Nos anos 66-67, Paulo encontra-se novamente em Roma e está de novo prisioneiro. "Mas a palavra de Deus não está presa", disse ele. De fato, continuará, segundo seu costume, a dar testemunho de Jesus até o final da vida. Esta nova prisão em Roma é muito mais dura do que a anterior e, segundo a tradição, se conclui com o martírio, no ano 67.

Durante essa prisão, Paulo escreve outra carta a Timóteo. E também esta é pastoral. De fato, Paulo dá ainda algumas orientações úteis ao discípulo no seu serviço pastoral. De modo particular, recomenda-lhe, antes, o suplica a anunciar a Palavra, insistindo em tempo oportuno e inoportuno, exortando, advertindo e orientando com magnanimidade. E lembra que toda a Escritura é inspirada por Deus, é útil para ensinar, para convencer, corrigir e educar na justiça.

É a última carta de Paulo, na qual ele demonstra profunda amargura pelas dispersões na doutrina, devido a falsos mestres, e preocupa-se também com desvios que acontecerão no futuro.

Nos últimos dias sobrevirão momentos difíceis. Os homens serão egoístas, gananciosos, jactanciosos, soberbos, blasfemos, rebeldes com os pais, ingratos, iníquos, sem afeto, implacáveis, mentirosos, incontinentes, cruéis, inimigos do bem, traidores, atrevidos, enfatuados, mais amigos dos prazeres do que de Deus; guardarão as aparências da piedade, negando-lhe, entretanto, o poder. Afasta-te também destes (2Tm 3,1-5).

Ele recomenda-lhe vigiar atentamente, suportar os sofrimentos e cumprir a sua obra de anunciar o Evangelho. Lembra-lhe, portanto: "Tu me seguiste de perto no ensinamento, no modo de viver, nos projetos, na fé, na magnanimidade, na caridade, na paciência, nas perseguições, nos sofrimentos" (2Tm 3,10-11). E o encoraja a comportar-se com fidelidade e coragem, reavivando o dom da graça e da força que lhe advém pela imposição das mãos, ou seja, pelo sacramento do sacerdócio recebido por meio de Paulo, diante de testemunhas. "Não te envergonhes de dar testemunho do Senhor nosso, nem de mim, que estou na prisão por ele: mas com a força de Deus, sofre comigo pelo Evangelho" (2Tm 1,8).

A carta é entretecida de afeto e de confiança. Traz lembranças cheias de humanidade: "Lembro-me de tuas lágrimas e sinto saudades de rever-te para encher-me de alegria" (2Tm 1,4).

Roga a Timóteo que venha ter com ele ainda antes do inverno e que lhe traga o manto e os pergaminhos deixados em Trôade, na casa de Carpo.

A hora do Getsêmani

Nesta carta de Paulo, mesmo que apareça em primeiro plano as preocupações do apóstolo e o amor pelo discípulo, nota-se um vivo e sofrido sentido de solidão. Ele diz que, à exceção de Onesíforo, que o havia procurado e estado com ele, sem se envergonhar de suas correntes, todos aqueles da Ásia o haviam *abandonado*.

Na primeira vez que apresentei minha defesa, ninguém me assistiu, todos me abandonaram. Que isto não lhes seja imputado. Mas o Senhor me assistiu e me revestiu de forças, a fim de que por mim a mensagem fosse plenamente proclamada e ouvida por todas as nações (2Tm 4,16-17).

Tais palavras evidenciam o sofrimento do apóstolo por causa do abandono em que se encontrava, mas também o conforto que sentia pelo fato de ser testemunha do Evangelho em situações tão dramáticas. Com todo direito, ele se proclama mensageiro do Evangelho, apóstolo e mestre. Paulo pressente que sua morte está próxima. Suas palavras adquirem, pois, valor de testamento espiritual. De fato, ele escreve:

Quanto a mim, já estou para ser oferecido em libação, e chegou o tempo da minha partida. Combati o bom combate, terminei a minha carreira, guardei a fé. Desde já me está reservada a coroa da justiça, que me dará o Senhor, justo Juiz, naquele dia; e não somente a mim, mas a todos que tiverem esperado com amor sua Aparição (2Tm 4,6-8).

Depois solicita:

Procura vir me encontrar o mais depressa possível. Pois Demas me abandonou por amor do mundo presente. Ele partiu para Tessalônica. Crescente, para a Galácia. Tito, para a Dalmácia. Somente Lucas está comigo. Toma contigo Marcos e traze-o, pois me é útil no ministério. Enviei Tíquico a Éfeso... (2Tm 4,9-12).

Alguns dos discípulos de Paulo se afastaram dele e, talvez, também da fé. Outros estão longe por razões de apostolado, como Crescente e Tito, que ele havia chamado a Nicópolis no inverno passado, para que fossem à Dalmácia reavivar os cristãos necessitados de ser ulteriormente seguidos e revigorados na fé.

Paulo está sozinho. Ele sofre a experiência dolorosa da solidão e do abandono. Ele, que tinha podido afirmar: "O meu viver é Cristo", agora vive com Jesus a experiência do Getsêmani. Mas, como Jesus, ele está pronto.

Tinha escrito a seus amados filipenses: "Mas se o meu sangue for derramado em libação, em sacrifício e serviço da vossa fé, alegro-me e regozijo-me com todos vós; e vós também, alegrai-vos e regozijai-vos comigo" (Fl 2,17-18).

Apóstolo e mártir de Jesus Cristo

Ano 67. Segundo a tradição, é o ano do martírio de Pedro e de Paulo. De fato, também Pedro, primeiro vigário de Cristo, tinha chegado a Roma para testemunhar o seu Mestre e Senhor, e fortalecer os fiéis. E também Pedro, em Roma, foi feito prisioneiro e martirizado.

Parece que os dois apóstolos permaneceram no Cárcere Mamertino, onde ficavam os prisioneiros inimigos de Roma. Esse cárcere é um ambiente pequeno e subterrâneo, muito úmido, sem luz e desprovido de todo conforto. Diz a tradição que, pela oração dos apóstolos, surgiu uma torrente d'água que serviu também para batizar os carcereiros e outros companheiros de cárcere. O olho d'água existe ainda hoje de modo prodigioso, e não se encontra nenhuma explicação científica.

Não se conhece com exatidão o ano, menos ainda o dia do martírio dos dois apóstolos Pedro e Paulo. Poderia ter sido o ano 67, como afirma a tradição. É certo que o martírio de ambos aconteceu sob o imperador Nero, que morreu no ano 68. Eusébio de Cesareia escreve:

> Durante o seu reinado, Paulo foi decapitado e Pedro foi crucificado. A narrativa é confirmada pelo nome de Pedro e de Paulo, que ainda hoje se conserva nos seus sepulcros naquela cidade. Eu posso mostrar os troféus dos apóstolos: se fores ao Vaticano ou pela via Ostiense, encontrarás os troféus dos fundadores da Igreja.

Clemente Romano, menos de trinta anos mais tarde, ao se referir a Paulo, escreve:

> Por causa dos ciúmes e da discórdia, Paulo foi preso sete vezes, exilado, apedrejado, foi arauto de Cristo no Oriente e no Ocidente; e pela sua fé adquiriu uma glória pura. Depois de ter pregado a justiça ao mundo inteiro, e depois de ter chegado às extremidades do Ocidente, enfrentou o martírio diante dos governadores. Assim ele partiu deste mundo e conquistou o lugar dos santos, tornando-se com isso o grande modelo de paciência.

Segundo o uso dos romanos, Paulo foi levado fora da cidade e decapitado, ao passo que Pedro, não sendo cidadão romano, foi crucificado e, parece que, por escolha dele mesmo, fora crucificado de cabeça para baixo, como gesto de humildade para com o seu Mestre.

Na colina do Vaticano surge a Basílica de São Pedro, onde são conservados os restos mortais de Pedro; e na via Ostiense, na Basílica São Paulo, encontram-se os restos de Paulo.

Ad Aquas Salvias

Parece que Paulo, para ser executado, tenha sido conduzido fora da cidade, nas Aquas Salvias, numa propriedade de Licina, uma matrona cristã de Roma, e que sua cabeça, caindo sob a espada do carrasco, tenha saltado três vezes no terreno, e daí surgiram três correntes d'água, dando-lhe assim o nome de *Tre Fontane* (Três fontes).

Essas três fontes, incluindo o interior da igreja do mesmo nome, por razões de higiene, foram fechadas por ordem de Pio XII, por ocasião do Ano Santo de 1950. No lugar de cada uma delas, há um baixo-relevo em mármore, com a incisão da cabeça de Paulo, ao lado da qual se ouve continuamente o som da água que corre subterrânea.

Desta igreja das *Tre Fontane* e, mais ainda, da Basílica de São Paulo, onde repousam seus restos mortais, continua a testemunhar sua paixão por Jesus Cristo e pela humanidade; a recordar o sonho de amor eterno do Pai, que, pela salvação de nós, pecadores, sacrificou seu Filho dileto.

Mais do que qualquer outro, Paulo partilhou e tornou seu o sonho de Deus, até o martírio cruento, sustentado pela certeza que o fazia afirmar: "Sei em quem acreditei".

PAULO PARTILHOU
O PROJETO DE DEUS

Paulo é um excepcional idealista e sonhador. Conquistado pelo projeto de Jesus, partilhou corajosamente do sonho do Pai, que diz respeito à salvação e felicidade humanas.

Ele transmitiu ao mundo o Evangelho recebido de Jesus, a sua mensagem de misericórdia e de graça; e o dom do Espírito a todos aqueles que creram no seu nome, os quais são nascidos de Deus, e, em Jesus, o dileto Filho, tornaram-se filhos do seu nome.

Paulo acreditou e confiou. Sem temor. Sem reconsiderações. E, ainda hoje, repete alto o seu credo para quem quiser ouvi-lo:

Se Deus está conosco, quem estará contra nós?
Quem não poupou o seu próprio Filho
e o entregou por todos nós,
como não nos haverá de agraciar em tudo junto com ele?
Quem acusará os eleitos de Deus?
É Deus quem justifica. Quem condenará?
Cristo Jesus, aquele que morreu, ou melhor, que ressuscitou,
aquele que está à direita de Deus e que intercede por nós?

Quem nos separará do amor de Cristo? A tribulação, a angústia, a perseguição, a fome, a nudez, os perigos, a espada?

Mas em tudo isto somos mais que vencedores, graças àquele que nos amou.

Pois estou convencido de que nem a morte nem a vida, nem os anjos nem os principados, nem o presente nem o futuro, nem os poderes, nem a altura, nem a profundeza, nem qualquer outra criatura poderá nos separar do amor de Deus manifestado em Cristo Jesus, nosso Senhor (Rm 8,31-39).

Rua Dona Inácia Uchoa, 62
04110-020 – São Paulo – SP (Brasil)
Tel.: (11) 2125-3500
http://www.paulinas.com.br – editora@paulinas.com.br
Telemarketing e SAC: 0800-7010081